i教育|思·享

论 教 育

[德]伊曼努埃尔·康德 ◆著
(Immanuel Kant)

宋 溟 ◆译
孙 进 ◆校、导读

**Immanuel Kant
Über Pädagogik**

教育科学出版社
·北 京·

出 版 人　李　东
责任编辑　郑　莉
版式设计　杨玲玲
责任校对　贾静芳
责任印制　叶小峰

图书在版编目（CIP）数据

论教育／（德）伊曼努埃尔·康德著；宋溟译. —北京：教育科学出版社，2022.2（2023.9重印）
　ISBN 978-7-5191-2772-5

　Ⅰ．①论…　Ⅱ．①伊…　②宋…　Ⅲ．①教育学—德国—近代　Ⅳ．①G40

中国版本图书馆CIP数据核字（2021）第183027号

论教育

LUN JIAOYU

出版发行	教育科学出版社				
社　　址	北京·朝阳区安慧北里安园甲9号		邮　　编	100101	
总编室电话	010-64981290		编辑部电话	010-64981357	
出版部电话	010-64989487		市场部电话	010-64989009	
传　　真	010-64891796		网　　址	http://www.esph.com.cn	
经　　销	各地新华书店				
制　　作	北京金奥都图文制作中心				
印　　刷	中煤（北京）印务有限公司				
开　　本	890毫米×1240毫米　1/32		版　　次	2022年2月第1版	
印　　张	3.375		印　　次	2023年9月第2次印刷	
字　　数	59千		定　　价	20.00元	

图书出现印装质量问题，本社负责调换。

目录
CONTENTS

导读 康德的《论教育》及其现代阅读价值/孙进 /1

出版前言/林克/ 29

导论/ 33
人必须通过教育，方可成人。人是纯然教育的产物。值得注意的是，人只能接受他人的教育，而这个他人，同样是受过教育之人。因此，缺乏规训和教导的人又会变成学童糟糕的教育者。但如果能让一个杰出的人承担起教育工作，人们便会看到，人可以取得怎样的成就。

正文/ 49
教育学或者说教育理论分为身体的保育和实践性教育。保育或照料为人与动物所共有，而实践性教育或道德性教育则是要把人培养为自由的行为个体。

论 教 育

★ —— 关于保育 / 52

　　最初的教育只是消极性的。也就是说,人们并不需要发展天性,只需要不妨碍天性就好。教育的技巧只在锻炼中发挥作用。

★ —— 关于实践性教育 / 84

　　在教育中,一切的基础在于,在每个方面建立正确的根基,并让儿童可以理解和接受。他们必须学会,用对丑恶和愚蠢的厌恶替代仇恨,……用自重和自尊替代他人意见,用行动与行为的内在价值替代语言与情绪,用理解力替代感觉……

译后记 / 99

导读

康德的《论教育》及其现代阅读价值

北京师范大学国际与比较教育研究院教授　孙　进

本导读希望从以下四个方面为读者阅读本书提供帮助。首先介绍作者的生平，然后分析这部作品的产生背景，之后展示本书的主要内容及核心教育思想，最后在此基础上回答读者可能产生的一个疑问，即：今天的我们为什么还要去阅读这部发表于200多年前的作品？

康德生平

德国哲学家康德（Immanuel Kant）于1724年4月22日出生于普鲁士公国的首府哥尼斯堡（今俄罗斯加里宁格勒）。他在父母生育的9个子女中排行第四。① 康德的父亲是制作马具的皮革匠师傅，在社会上享有一定的声望。因为有来自训练精良的鞍具匠的竞争，康德父亲的生意变差，家庭经济在康德童年时期出现了衰落，康德一家一度还不得不依靠亲友的救济过活。所以，康德是在并不富裕的家庭条件下长大的。根据康德自己的回忆，他的家庭氛围很好，父母都堪称道德楷模。父亲工作勤奋、诚实正直，母亲温柔、亲切、虔诚，他们都关心和爱护孩子，让孩子们成长为自尊、自信、真诚和坦率的人。母亲虽然在康德13岁时便去世了，但是已在他的心里埋下了"最初的善的种子"②。在这个小市民家庭中，康德学习到了重视纪律、秩序、节约、正派、可靠等美德，认识到了在经济上和精神上保持独立的价值。这对他的道德观产生了重要的影响。③

康德父母在宗教信仰方面属于虔敬派。这个教派是新教的一个分支。它重视人们的内心，要求信奉者持续不断地探究自己的内心，进行自我审查，看看自己是否真的虔敬。康德8岁开始就读的弗里德里希文理中学（Collegium Fridericianum）（1732—1740）也是属于虔敬派的学校。这所中学在宗教方面的

---

① DIETZSCH S. Immanuel Kant: Eine Biographie [M]. Leipzig: Wissenschaftliche Buchgesellschaft, 2003: 22.
② JACHMANN R B. Immanuel Kant geschildert in Briefen an einen Freund [M]. Königsberg: Nocolovius, 1804: 169.
③ STEINHERR E. Immanuel Kant [M]//ZIERER K, SAALFRANK W. Zeitgemäße Klassiker der Pädagogik: Leben-Werk-Wirken. Paderborn: Ferdinand Schöningh, 2010: 53.

取得了博士学位,并在几个月后取得了教授资格。在此后的15年中,康德主要是作为私立讲师工作,没有固定的收入,必须依靠选课学生的听课费生活。① 在工作的最初几年中,康德没有发表什么重要的作品,这可能是因为他不得不把精力放在教学方面。他每周至少上课16个学时,经常还会超过20个学时。他是一个受学生欢迎的教师。根据当时听课学生的记录,康德的授课风格是:自由的谈论,夹带着笑话和好心情,但就内容而言始终是严肃的。他一再对学生表示,他们在他这里学习的不是哲学知识,而是哲学地思考;不是复述他人的思想,而是学会自己"思想"。② "要有勇气运用自己的理智"③,这是康德对每一个走向启蒙的人的要求。

在1755—1762年,上课占用了康德上午的时间。剩下的时间,康德用于参加社会生活。康德是当时上流社会里一个受欢迎的客人。他常去剧院和声望最好的沙龙玩台球和扑克牌。他的大学同事甚至一度担心,这么多的活动可能会让康德无心从事学术工作。尽管在当时的女性圈子里,幽默风趣、着装得体的康德很受欢迎,但他却未能找到合适的配偶,终身未婚。对于这一点,据说康德晚年曾经调侃地说:"当我需要一个妻

---

① 在这段时间的后期,康德得到了一个下级图书馆管理员的固定职位。
② MIKHALL T. Kant als Pädagoge: Einführung mit zentralen Texten [M]. Paderborn: Ferdinand Schöningh, 2017: 27.
③ KANT I. Schriften zur Anthropologie, Geschichtsphilosophie, Politik und Pädagogik: Band 1 Was ist Aufklärung? [M]//WEISCHEDEL W. Immanuel Kant: Werkausgabe in 12 Bänden: Band 11. Frankfurt am Main: Suhrkamp, 1993: 53.

 论 教 育

子时，我养活不了她；当我能养得起她时，我已经不需要妻子了。"①

1770年，在他46岁的时候，康德才成为逻辑学和形而上学的正教授。此后，康德经历了一个"沉寂的10年"（stilles Jahrzehnt）。1781年，作为至少思考了12年的结果，《纯粹理性批判》在4—5个月之内就被康德写好了。这部著作虽然很快便引起了关注，但是却很难读懂。康德所尊敬的启蒙思想家门德尔松（Moses Mendelssohn）认为阅读这部作品有些"烧脑"（nervensaftverzehrend）。康德的同事、数学系教授舒尔茨（Johann Schultz）认为，这部书像是一部"密封的书"，"甚至对于一大部分有学问的读者来说都是如此，它完全是由象形文字组成的"。②

正是在思考和写作《纯粹理性批判》期间，康德的生活风格发生了巨大的转变。从以前那个风流的教师变成了一个深居简出的教授，有着精细的时间规划和严格遵守的日常安排。当地居民甚至可以根据他每天下午出门散步的时间校对钟表。③

在此后的30年间，康德发表了他最重要的一系列著作，如《道德形而上学基础》（1785）、《实践理性批判》（1788）、《判断力批判》（1790）、《纯粹理性界限内的宗教》（1793）、

---

① MIKHALL T. Kant als Pädagoge：Einführung mit zentralen Texten［M］. Paderborn：Ferdinand Schöningh, 2017：28.
② 同①.
③ 同① 29.

《道德形而上学》（1797）、《实用人类学》（1798）等。

康德在其著作中分析的是一些影响着人类的基本问题，如："我能知道什么？""我应该做什么？""我可以希望什么？"在他看来，理性是人们找到这些问题答案的工具，理性具有理论功能和实践功能。"我能知道什么？"这一问题涉及的是理论的理性（即纯粹理性），"我应该做什么？"这一问题涉及的是实践的理性（即道德理性）。对于"我可以希望什么？"这个问题，康德在他的宗教著作中给出了回答。康德所推崇的导向自由和成熟的教育涉及的主要是"我应该做什么？"这一实践理性问题，因为这里需要做的是对年轻人进行引导，以便于他们认识到什么是正确的，并自愿去这么做。[1]

康德在哲学领域带来了哥白尼式的转折，从根本上动摇了理论性认知的可能性，也影响到教育学的发展。例如，他认为认知依赖于感官的观察（即经验），从而在范围上对于理论性认知的可能性进行了限定。这一观念为直观教学提供了理论基础。他还认为，人们认识到的并非"原本的"现实，而只是现实的表象，从而在有效性方面限制了理论性认知的可能性。这一观念构成了建构主义学习理论的根源。[2]

---

[1] STEINHERR E. Immanuel Kant［M］//ZIERER K, SAALFRANK W. Zeitgemäße Klassiker der Pädagogik：Leben-Werk-Wirken. Paderborn：Ferdinand Schöningh，2010：55.

[2] 同[1] 55-56.

 论教育

康德一生都未离开过东普鲁士。1804年2月12日，年近80岁的康德逝世于哥尼斯堡。他的葬礼非常隆重，上千人前来送葬，整个城市的钟都为他鸣响。很少有哲学家能得到这样隆重的葬礼。在康德逝世100周年之时，哥尼斯堡人在他的墓地竖立了一块纪念碑，上面刻着康德在《实践理性批判》中写的一句话："有两样东西，越是经常而持久地对它们进行反复思考，它们就越是使心灵充满常新而日益增长的惊赞和敬畏：我头上的星空和我心中的道德法则。"①

《论教育》一书的出版背景与相关争议

在康德所生活的时代，西欧社会正在经历一场深刻的政治、经济和文化变迁。从社会史的角度来看，在这个时期，封建等级社会秩序被市民社会秩序所取代；从思想史的角度来看，人们在这一时期对于人的理解以及对人与社会和人与世界的关系有了新的、现代化的认识。启蒙运动无疑对此发挥了重要的作用。在德国，这一开始于17世纪的运动在18世纪下半期达到了高潮。康德所生活的18世纪在当时就已被人称作"教育学世纪"（das pädagogische Jahrhundert）。因为在18世纪，不仅出现了新的教育观念，而且有了新的教育实践。有关教育问题的教育学讨论，在德国18世纪下半期开始出现，表

---

① 李秋零. 康德著作全集：第5卷 实践理性批判 判断力批判 [M]. 北京：中国人民大学出版社，2007：169.

现为教育学发表物数量的快速增长以及教育学期刊的创立。在这个时期,有关教育问题的讨论成为公众关注的焦点。1779年,哈勒大学设立了德国第一个教育学的教授席位(Professur für Pädagogik)①。而在此之前,教育学专业只是被当作哲学的一个分支领域。②作为大学独立学科的教育学已经呼之欲出。

康德是哲学院的教授,他为什么会去开设一门教育学的课程呢?这是因为当时的大学尚没有专门的教育学教授,所以普鲁士政府规定,哥尼斯堡大学的哲学院教授需要轮流为学生开设教育学课程,以为其日后从事教师工作做准备。康德在1776—1777年冬季学期、1780年夏季学期、1783—1784年冬季学期、1786—1787年冬季学期都开设了教育学课程,时间上与他思考和撰写"三大批判"基本重叠。本来康德计划在1790—1791年再度讲授这门课程,但是最终并没有落实。③

康德在退休后将其教育学授课笔记(即"有关教育学的评论")交给了自己曾经的学生和当时的同事兼好友林克(Friedrich Theodor Rink),请他以负责任的方式加以运用。林克在康德去世前一年(即1803年)将其整理出版。④康德虽然

---

① 这个教育学教授席位并没有存在很长时间。因为人事纠纷,该教席拥有者特拉普(Ernst Christian Trapp)在1783年便放弃了这一教席,并离开了哈勒大学。
② KOLLER H. Grundbegriffe, Theorien und Methoden der Erziehungswissenschaft [M]. 8., akutalisierte Auflage. Stuttgart: W. Kohlhammer, 2017: 28-31.
③ KAUDER P, FISCHER W. Immanuel Kant über Pädagogik [M]. Baltmannsweiler: Schneider Verlag Hohengehren, 1999: 39.
④ MIKHALL T. Kant als Pädagoge: Einführung mit zentralen Texten [M]. Paderborn: Ferdinand Schöningh, 2017: 88.

当时仍在世,但是他当时身体状况不佳,不太可能认真检查和修改这部书稿。①

正因为这个作品并非由康德本人撰写和出版,而是由林克根据授课笔记整理出版的②,所以这部作品作为康德著作的纯粹性和可信性,亦即德国学界所说的"康德性",受到一些研究者的批评和质疑。

一方面,这些批评和质疑针对的是林克的编辑工作:对于康德提供的授课笔记,林克是有所选择还是保留了全部?对授课笔记排列的顺序是遵照本来的结构还是不得不自己整理出一

---

① KAUDER P, FISCHER W. Immanuel Kant über Pädagogik [M]. Baltmannsweiler: Schneider Verlag Hohengehren, 1999: 37.
② 这一产生背景也影响到这部作品的名称和作者署名方式。林克出版的这部作品的书名是《伊曼努尔·康德论教育学》(Immanuel Kant über Pädagogik),署名仅标注了作为出版者的林克,而没有明确标注"康德著"。在此后德国出版的多个单行本中,一种是沿用了林克的方式,另一种则是将康德标注为作者,书名也相应地缩短为《论教育学》(Über Pädagogik),同时还会标注出版者的姓名。国内的现有译本大多将康德标注为作者,但书名中有的包括康德二字,有的则不包括。例如:《论教育学》(伊曼努尔·康德著,赵鹏、何兆武译,上海人民出版社,2005 年);《康德著作全集》第 9 卷的"逻辑学、自然地理学、教育学"(李秋零主编,中国人民大学出版社,2010 年)——该书中使用的名称是按照林克的模式来标注的(《教育学》,弗里德里希·特奥多尔·林克博士编,李秋零译);《康德论教育》(康德著,李其龙、彭正梅译,人民教育出版社,2017 年);《论教育学·系科之争》(伊曼努埃尔·康德著,杨云飞、邓晓芒译,中国轻工业出版社,2019 年)。此外,从书名来看,有的译本称《论教育学》,有的则称《论教育》,可见译者对"Pädagogik"一词的翻译不同。笔者认为,两者都各有其道理。"Pädagogik"通常指的确实是"教育学",不过,因为书中论述的主要是教育,而不是教育学,所以,以《论教育》作为书名也是有道理的。

个结构？这种结构是否有据可依？等等。① 遗憾的是，这些问题都无法得到确切的回答了，因为至今既没有找到康德的原稿，也没有找到其他学生的听课笔记来进行比较。② 通过与康德其他的著作、书信以及手稿遗物等进行对比分析，威斯科普夫（Traugott Weisskopf）认为，林克在编辑工作中"根据自己的考虑"对于原稿进行了大量的加工处理。不仅如此，林克在编撰这部作品时还将康德伦理课的记录加了进来。威斯科普夫得出的研究结论是，这个作品"不能被视为纯正的康德作品"③。另一位研究者温克勒（Michael Winkler）也认为，这是一本"著作人不明确的书"④。

另一方面，批评和质疑还指向了这部作品的写作风格和内容。因为这部作品的写作风格与康德的其他作品相比存在着明显的区别。例如，博科夫（Jörg Bockow）认为，这部作品的内容"不系统"，是"狂想曲式的"，"没有使用统一的概念"，"没有严格的、有客观依据的思想结构"，更像是引言和评论的简单罗列。⑤ 就内容而言，因为康德在授课时使用了别

---

① NATORP P. Einleitung zu: Über Pädagogik [M] //Königlich Preußische Akademie der Wissenschaften. Kant's gesammelte Schriften: Band 9. Berlin: Walter de Gruyter, 1923: 569-570.
② KAUDER P, FISCHER W. Immanuel Kant über Pädagogik [M]. Baltmannsweiler: Schneider Verlag Hohengehren, 1999: 41.
③ WEISSKOPF T. Immanuel Kant und die Pädagogik: Beiträge zu einer Monographie [M]. Zürich: EVZ-Verlag, 1970: 315.
④ WINKLER M. Immanuel Kant über Pädagogik: Eine Verführung [J]. Vierteljahrsschrift für wissenschaftliche Pädagogik, 1991 (67): 254-259.
⑤ BOCKOW J. Erziehung zur Sittlichkeit: Zum Verhältnis von praktischer Philosophie und Pädagogik bei Jean-Jacques Rousseau und Immanuel Kant [M]. Frankfurt am Main: Peter Lang, 1984: 133.

人的教材，所以，也让人产生了以下的疑问：书中内容有哪些出自所用的教材？根据学界的研究，康德在讲课时使用了两本不同的教材。他在1776—1777年冬季学期所使用的教材是泛爱主义者巴泽多（Johann Bernhard Basedow）的《各民族和家庭父母的方法用书》（Methodenbuch für Väter und Mütter der Familien und Völker）。在1780年夏季学期使用的是由博克（Friedrich Samuel Bock）撰写的教科书《教育艺术教程：基督教父母及未来的青少年教师用书》（Lehrbuch der Erziehungskunst zum Gebrauch für christliche Eltern und künftige Jugendlehrer）。其他两次课程所用的教科书是否是这两种之一还是另有其他则情况不详。①林克在出版者前言中曾提到，虽然课程列出了教材，但就讲授顺序和基本原理而言，康德并没有完全遵循该教材。威斯科普夫通过仔细对比后指出，就结构和内容而言，很难证明这两本教材对《论教育》有明显的影响。它们之间虽然有少数几处相似的地方，但这可能是因为它们同时都受到了卢梭的影响。因为巴泽多的教材大量引用了卢梭的观点，而博克的教材则引用了很多巴泽多教材的内容。②

所以，人们可以肯定的只是，《论教育》一书受到了卢梭所著的《爱弥儿》的影响，尽管后者并没有被列为教材。根

---

① KAUDER P, FISCHER W. Immanuel Kant über Pädagogik [M]. Baltmannsweiler: Schneider Verlag Hohengehren, 1999: 39.
② WEISSKOPF T. Immanuel Kant und die Pädagogik: Beiträge zu einer Monographie [M]. Zürich: EVZ-Verlag, 1970: 168-170.

据威斯科普夫的分析,在《论教育》一书的 175 个可以有意义地加以划分的段落中,有 40 个段落明显引用或者极大可能参考了卢梭的《爱弥儿》。①这一发现并不让人感到意外,因为康德对于卢梭以及《爱弥儿》的喜爱是众所周知的事实。卢梭的画像是康德工作室内唯一悬挂的画作。在 1762 年夏天,为了阅读《爱弥儿》,康德还一度放弃了他有规律的下午散步。康德自己也曾公开表示自己受到卢梭很大的影响。②

虽然这部作品包含着出版者林克的一些智力成果,并受到一些学者的批评和质疑,但是,所有人——包括最严厉的批评者——都不否认,《论教育》一书的基本思想和内容确切无疑出自康德,与康德其他有关伦理学、人类学、实践哲学的作品一脉相承。③作为康德专门论述教育问题的一部作品,且是现存唯一的可用版本,《论教育》一书的重要意义和价值是不容置疑的。

《论教育》的主要内容及核心教育思想

《论教育》一书在内容上分为两个部分。第一部分是导论,论及教育的性质、价值、方法、形式、准则等问题以及人的自

---

① WEISSKOPF T. Immanuel Kant und die Pädagogik:Beiträge zu einer Monographie [M]. Zürich:EVZ-Verlag,1970:168.
② VORLÄNDER K. Immanuel Kant:Der Mann und das Werk [M]. Wiesbaden:Marix Verlag,2004:118.
③ KAUDER P,FISCHER W. Immanuel Kant über Pädagogik [M]. Baltmannsweiler:Schneider Verlag Hohengehren,1999:49.

然禀赋，并分析了如何处理教育中的自由与约束这一矛盾问题。第二部分是正文，分为篇幅较长的"自然性教育"（physische Erziehung）和篇幅较短的"实践性教育"（praktische Erziehung）两个小节。自然性教育针对的是人的自然本性或者说自然禀赋，包括身体的养护和体育，以及心灵力量和精神的培养。实践性教育或道德性教育（moralische Erziehung）针对的是人的自由，旨在把人培养为能够自由行动的人，包括：培养技能的学校式教育（培养），培养社交智慧的实用性教育（文明化），培养道德的道德性教育（道德化）。（见下图）此外，本书的最后部分还论及宗教教育和青春期性教育的问题。

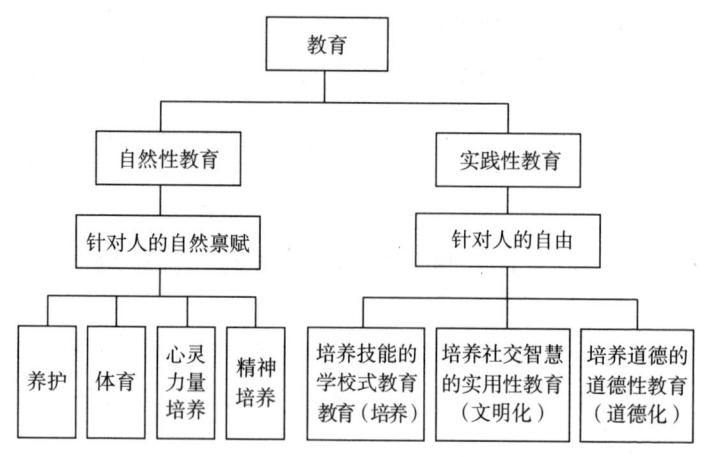

自然性教育与实践性教育①

---

① WEISSKOPF T. Immanuel Kant und die Pädagogik: Beiträge zu einer Monographie [M]. Zürich: EVZ-Verlag. 1970: 155-163.

下面，笔者从人的本性、教育目的、教育方案、自由与约束、惩罚与奖励五个方面总结和展示康德在书中提出的教育思想。

人的本性

人的本性是善还是恶？对这个问题的回答不同，人们所采取的教育行动也会有所不同。例如，卢梭在《爱弥儿》中开篇指出，"所有出自造物主之手的，都是好的，而一到了人的手里，就全变坏了"①。这说明，卢梭认为人性本善，所以教育的导向就是维持这种自然的善，避免其受到外部的不良影响。德国的虔敬主义者法兰克（August Hermann Francke, 1663—1727）认为人的本性是堕落的、有罪的，所以他主张教育要打破儿童的自然意志，即对儿童进行服从教育。②

康德在《论教育》一书中指出："人性本善还是本恶？二者皆不是，因为从本性来说，人并不是道德存在者。……然而，人们可以说，由于爱好和本能的驱使，人的内心有对一切恶习的原始冲动，尽管理性同时在向反方向推动。"（见本书第 91 页）这说明，在康德看来，人的本性非善非恶，或者也可以说是可善可恶——既有善的种子，同时也有恶的倾向。他认为人有一种双重本性，即既有经验的特性（empirischen Charakter），受到自己的感官世界和动物本性的驱动；也有理

---

① 卢梭. 爱弥儿：上卷 [M]. 李平沤，译. 北京：商务印书馆，1996：5.
② FRANCKE A H. Pädagogische Schriften [M]. 2. Auflage. Paderborn：Schöningh，1964：15.

论 教 育

智的特性（intelligiblen Charakter），具备内在的自由和独立性，能够摆脱感官的束缚而采取道德行动。正因为如此，教育才有了必要性和可行性，才有了发挥其作用的空间。人才能经由教育控制自己的动物性，获得人性、理性和道德。①

康德认为，人的自然禀赋里包含着技术禀赋、实用禀赋和道德禀赋。它们分别构成下面将讲到的培养、文明化和道德化三种教育形式的人类学前提。技术禀赋使人能够（机械地）利用事物（例如在使用工具方面）；实用禀赋使他能够"为自己的目的巧妙地利用他人"（例如取悦他人）；道德禀赋使他能够不受经验的条件性限定而确定自己行动的目的，即以一种自我决定的方式行事，而不仅仅是本能地或直觉地行事。

教育目的

因为康德认为人的本质具有双重性，那么相应地，教育目的也有着双重性，即幸福和道德。

作为经验的（感官的）生物，人们总是会也有必要追求幸福（Glückseligkeit），总是渴望获得这样或那样的东西，如温饱、睡眠、友谊、情感关注等。追求幸福是一个合法的教育目标，但是，也是一个有局限性的教育目标，即受限于教育者

---

① MIKHALL T. Kant als Pädagoge：Einführung mit zentralen Texten［M］. Paderborn：Ferdinand Schöningh，2017：86-87.

以及受教育者的主观性,因此实现幸福的途径因人而异。不过,任何人都在追求幸福,这是一个既定的人类学事实。①

作为理智的生物,人的目的是道德,即为善而善。道德是最高的教育目标。在康德看来,除了道德之外没有其他与其同级别的或者说同等的教育目标存在,因此,道德是衡量教育行动的绝对尺度。②

教育方案

康德的教育方案由四种教育形式或者说四个教育步骤组成,即规训(Disziplinierung)、培养(Kultivierung)、文明化(Zivilisierung)和道德化(Moralisierung)。它们分别有着各自的人类学前提、培养目标、学习内容、认知能力、教育过程、教育者、教育手段和受教育者的角色定位,并且分别对应着人的不同认知能力(见下页表)。③

---

① MIKHALL T. Kant als Pädagoge: Einführung mit zentralen Texten [M]. Paderborn: Ferdinand Schöningh, 2017: 88-89.
② 同①95.
③ 康德区分了高级认知能力和低级认知能力。低级认知能力指的是感性,包括人的五官还有想象力,感性是接受式的、被动的认知能力。动物也具有这种认知能力。高级认知能力是主动的、积极的认知能力,包括理智(Verstand)、判断力(Urteilskraft)和理性(Vernunft)。理智是辨明普遍性和规则的能力,即判断规则的能力。判断力是将普遍性应用于特殊性,或者说将特殊性(个案)归入普遍性(规则、法律)的能力。判断力可进一步区分为确定性判断力(bestimmende Urteilskraft)和反思性判断力(reflektierende Urteilskraft)。前者指规则已知,将个案归入规则的判断力;后者指规则未知,可从众多个案中找出规则的判断力。理性是洞察普遍性与特殊性之关联的能力。

论 教 育

教育的四种形式[①]

	规训	培养	文明化	道德化
人类学前提	人作为感官生物	人具有技术禀赋	人具有实用禀赋	人具有道德禀赋
培养目标	驯服野性	技能	社交智慧	道德
学习内容	摆脱欲望（否定式）	常规知识	建议	道德规范/法则
认知能力	感性	理智	确定性判断力	反思性/实践性判断力
教育过程	惩戒式的	学校式—机械式的	实用的	道德的
教育者	父母	普通家庭教师	高级家庭教师	人作为自己的教师
教育手段	惩罚	教导	指教	练习
受教育者的角色	（被动的）	个体	公民	人

规训

康德所理解的规训包括所有那些用来限制人的动物性的措施，以免人做出妨碍人性的举动。这种教育方式是以把人作为感官生物这一人类学前提为出发点的。规训的目标仅仅是"驯服野性"。与其他三种教育方式不同，规训的首要目的并不是要养成什么特定的行为，而是旨在避免不良行为，其要义在于把人的意志从欲望的专制中解放出来。

---

① MIKHALL T. Kant als Pädagoge: Einführung mit zentralen Texten [M]. Paderborn: Ferdinand Schöningh, 2017: 104.

康德区分了肯定性规训和否定性规训。肯定性规训是由规定构成的，这些规定确定孩子应该如何表现，例如"整理房间"。否定性规训是指以否定的方式让孩子知道他该如何表现才能得到他想要的东西。例如，当父母在谈论大人的正事的时候，如果孩子不断插嘴干扰父母的谈话，父母可以以消极的方式进行规训，如选择忽视孩子。这样，孩子就会知道，他们这么做是不被容许的。

规训是儿童最早接受的教育，教育者主要是父母，所用的教育手段是惩罚，所以，这种教育方式是惩戒式的。在教育活动中，儿童作为受教育者的角色是被动的。

培养

培养是指向儿童传授那些达成特定目的所需要的知识、能力和技能，不管这个目的是什么，例如阅读和书写。康德在《论教育》一书中指出："培养在这里被理解为教导和指导。它让人获得技能。它让人具有实现一切目的的能力。""有些技能在任何情况下都是有益的，例如阅读技能和书写技能；另外一些技能则适用于个别目的，例如音乐技能可以让我们受人喜爱。目的层出不穷，技能也永无止境。"（见本书第42—43页）

培养指的是对于理智的教导。在本书中，培养是在规训之后开始的教育步骤。康德将培养视为"学校式—机械式的教

育"(scholastisch-mechanische Bildung),对此活动负责的教育者是普通家庭教师(Informator)。这类教师是只为教学而教的教师。与其相对的是负责文明化的高级家庭教师(Hofmeister),即为生活而教的教师,其任务是负责培养学生的社交智慧,即社会能力。在康德看来,高级家庭教师不只是教师,更是导师。

普通家庭教师的教育方式是教导,包括记忆性训练,例如让学生背诵地理知识和历史事实、背单词,以及教会学生基本的运算方式。普通家庭教师负责让下一代学会多种生活实用技能或者说职业能力。① 在培养中,受教育者的角色是个体(Individuum)。

文明化

如果说培养的任务是让儿童掌握与事务相关的专业能力,那么文明化这一教育形式的任务是培养儿童的社会能力和态度,即让其掌握参与社会生活所必需的那些社交智慧。康德也将其称作举止方式、礼貌和聪慧。这种教育形式是实用性的。

文明化不像培养那样,它着眼的不是个体,而是有能力参与社会公共生活的公民(Bürger)。它指向的能力是判断力。文明化的目标是让人掌握社交智慧,即学会符合社会规

---

① MIKHALL T. Kant als Pädagoge: Einführung mit zentralen Texten [M]. Paderborn: Ferdinand Schöningh, 2017: 101.

范的行为。这就需要判断自己的个体行为是否符合社会规范。因此，这里涉及的是对于确定性判断力的培养。文明化是以指教的方式展开的。① 负责这种教育形式的人主要是高级家庭教师。

道德化

道德化是教育的最高目的，也是最难实现的目的。教育只能为此开拓道路，但却并不一定能够确保其实现和完成，这是道德化与规训、培养和文明化所不同的地方。② 此外，与其他三种教育形式不同的是，道德化不是通向某个目的的手段，其本身就是目的。③ 道德化的教育目的就是让人的行为符合道德，即要形成有道德的行为。那么，什么样的行为是道德的行为呢？康德认为，道德的行为要有好的目的，"好的目的必然被每个人所认同，同时可以成为每个人的目的"（见本书第43页）。这就是说，当自己选定的行为目的能够得到他人认可时的行为才是道德的行为。就其核心而言，这符合康德所说的"绝对命令"的标准，即："要这样行动，使得你的意志的准

---

① 康德在《论教育》一书中对于指教（Unterweisung）和教导（Belehrung）的区分并不是特别清楚。
② KAUDER P, FISCHER W. Immanuel Kant über Pädagogik [M]. Baltmannsweiler: Schneider Verlag Hohengehren, 1999: 189.
③ SCHOTT T. Neue Aspekte zu Kants Pädagogik [M]. Baden-Baden: deutscher Wissenschafts-Verlag, 2015: 68.

则在任何时候都能同时被视为一种普遍的立法的原则。"① 为了掌握这种规则，人们需要一种能力，即康德所说的反思性判断力。在伦理语境下，康德也将其称作实践性判断力。②

反思性判断力并不能通过教导获得，只能通过练习得到发展和训练。从这个意义上来说，道德化就是通过实际运用来练习实践性判断力。康德在此指的主要是对外部或自己的行动的道德判断。道德化要求的并非单纯的适应或者奴隶式的服从，而是内在的认同和尊重。比如说，青少年厌恶恶习，并非仅仅因为上帝禁止这样，而是因为认识到恶习本身就包含着值得厌恶的东西。与此相应地，道德化的教育路径并不是外部主导的，而是由受教育者作为自己的教师独立完成的。道德化的基础是道德原则和法则，即人们自己必须要认识到的那些原则和法则。只有通过这种道德化，人才能获得作为人的价值——对于整个人类而言的价值，而不只是一个个体或者公民。③

自由与约束

康德在本书中提出了一个有关如何处理自由与约束的关系的重要问题："教育中最大的问题是，如何既能服从法则的约

---

① 李秋零. 康德著作全集：第5卷　实践理性批判　判断力批判［M］. 北京：中国人民大学出版社，2007：33.
② MIKHALL T. Kant als Pädagoge：Einführung mit zentralen Texten［M］. Paderborn：Ferdinand Schöningh，2017：102-103.
③ 同②104.

束，又能发展自由的能力，并将二者结合起来。约束是必要的！那么我们该如何在约束之中培养自由？"（见本书第47页）

自由在这里至少有三重含义。第一，自由指的是人们所说的"任意自由"，即按照自己的意志或情绪行事的可能性。在孩子那里，对这种自由的偏好表现为他们倾向于立即实施自己脑子里的想法。第二，自由指的是一种实践上的独立性，即在生活上不依附于他人的关心和照顾。第三，自由也意味着公开而独立使用自己理智的可能性，这是启蒙的前提。①

约束（Zwang，也常被译为"强制"）涉及遵守规则和法律的必要性。约束的必要性表现在以下三个方面。首先，自由不是任意的和无限的。一个人的自由不能妨碍他人的自由，他的自由终止于妨碍他人的自由之处。例如，当孩子因为大喊大叫而影响到其他人时，其自由就要受到限制。其次，约束有时也是为了防止尚不成熟的孩子自己伤害自己。例如，当孩子用手去抓一把锋利的刀时，也需要对其加以约束。最后，约束的必要性还源自一种社会关系的辩证法：如果儿童对其他人也有所期待和要求的话，他就必须学会遵从其他人的意愿。②

康德认为，教育的目的是让孩子获得行动的自由，让他能

---

① KOLLER H. Grundbegriffe, Theorien und Methoden der Erziehungswissenschaft [M]. 8., akutalisierte Auflage. Stuttgart: W. Kohlhammer, 2017: 39.
② 同①40.

够理性地运用自己的自由,但是在实现这一目的的过程中离不开约束。这里需要注意的是,教育的目的不是约束,而是自由,约束只是通向自由的手段。对于教育者来说,这也意味着他们在运用约束手段时要注意以下几点。第一,约束不是野蛮地驯服孩子。即便当约束不可避免时,教育者也需要向孩子说明这一约束的必要性,让孩子明白和接受它。第二,对于自由的约束只有在以下情况才被允许,即当孩子不受约束就会给自己造成伤害或者妨碍到他人的自由时。除此之外,人们应该从小就给孩子各方面活动的自由。第三,对于自由的限制只有在以下情况才是合适的,即当这种限制对于未来的自由而言是必须时。教育者必须向孩子说明,给他的限制是为了让他学会运用自己的自由。

当孩子自己具备了判断能力,能够自己领导自己时,教育者便要停止为孩子的自由设定界限。这个时间在康德看来大约是在孩子 16 岁的时候。这时教育者要让自己变得多余,帮助孩子尽可能快地摆脱依附于他的状态,让孩子获得自由。[①]

惩罚与奖励

和自由与约束的关系相似,惩罚与奖励也是一个根本性的教育问题。康德认为,惩罚与奖励对于持久性的内在品格的养

---

① KOLLER H. Grundbegriffe, Theorien und Methoden der Erziehungswissenschaft [M]. 8., akutalisierte Auflage. Stuttgart: W. Kohlhammer, 2017: 40.

成会起到反作用:"若孩子做了坏事就受到惩罚,做了好事就得到奖赏,那么他们就会为了得到好处而做好事。当他们之后进入一个不一样的世界,即一个做好事无奖赏、做坏事无惩罚的世界时,他们就会变得只关心自己的前程,而行善作恶只取决于怎么做对他们最有益。""准则必须产生于人自身。在道德培养中,人们要尽早地教给孩子善与恶的概念。如果想要树立道德,那么就要杜绝惩罚。道德是神圣而崇高的,人们不能把它放在和规训一样的等级上。"(见本书第77页)

这里需要指出的是,康德并不是全然否定惩罚的意义,而是建议人们要谨慎地运用惩罚的手段,同时也要意识到惩罚的局限性。他在本书中区分了两种惩罚形式:道德惩罚和身体惩罚。道德惩罚是指人们拒绝给予孩子他渴望得到的尊重和喜爱。例如,当孩子说谎时,给他一个鄙视的目光就够了。因为这种惩罚方式对道德性有所助益,所以康德肯定了这种形式的惩罚,认为这是"最合目的性的惩罚"。他将身体惩罚进一步区分为拒绝要求和体罚两种:第一种方式与道德惩罚相似,是否定性的。对于体罚则要谨慎实施,不要养成奴性。另外,给孩子报酬也是不恰当的,孩子可能会由此变得自私,产生唯利是图的品性。

由此可见,康德批评的主要是身体惩罚,否定的也主要是惩罚对于道德教育的意义。他指出,身体惩罚只能作为道德惩罚的补充。当道德惩罚不再起作用时,人们才可以实施身体上的惩罚，但同时须知道，靠此不能养成优秀的品性。此外，他还提醒人们："实施带有愤怒特点的惩罚会产生不良的效果。孩子只看到了结果，只将自己看成别人发泄情绪的对象。一般来说，对孩子的惩罚要谨慎，要让孩子知道，惩罚的最终目标只是推动他的改善。"（见本书第80页）

最后，康德还肯定了"自然性惩罚"的意义："这种惩罚可以是自然性惩罚，即通过自己的行为所招致的惩罚。例如，孩子吃得太多就会生病。这是最合适的惩罚。"（见本书第80页）今天的教育专家仍然在推荐人们采用这种自然惩罚的教育方式，即让孩子承受自己错误行为所造成的逻辑后果。

为什么今天仍有必要阅读《论教育》？

作为总结，我们可以在这里回答一下文首提出的问题，即：今天的我们为什么还要去阅读这部发表于200多年前的作品？原因至少有以下三点。

第一，康德在本书里分析的一系列教育问题是各个国家和各个时代的人都同样关心的基本问题。例如，任何时代的教育者都需要回答什么是教育的目的以及如何实现这一目的的问题；任何时代的教育者都需要在赋予自由和进行约束之间找到一种平衡；任何时代的教育者都面临着如何妥当运用惩罚和奖励的问题。对于此类基本问题，不同国家和不同时代的人的回答可能有所不同，但无疑都可以从康德对这些问题的回答中获得启发。

第二，康德的教育思想吸纳了当时出现的一些新的教育思想和观念（如改革教育学），本身就具有革新性和现代性。就像林克在出版前言中所说的那样，康德"了解并思考了彼时的新思想"，并且"他的有些眼光远远超越了同时代的人"。因此，虽然这部作品发表于200多年之前，但是许多观点对今天的我们仍然很有启发，有不少句子都可拿来作为教育箴言，例如："人必须通过教育，方可成人。""人们必须让年轻人学会，不是按照他人的标准，而是完全按照自己的标准来评价自己。""老师不要表现出对某个孩子的偏爱和优待，否则法则就失去了普遍性。"

康德教育思想的现代性还表现在以下两个方面。

一是康德的教育思想具有面向未来的开放性。他指出，教育的任务并不是让下一代适应当前的世界，而是让他们有能力根据人的理念和使命创建一个更好的世界："教育技术的一条准则，尤其是那些制订教育规划的人应该注意的是，儿童教育不应以人类的当前状况，而应以未来的更美好的状况为准绳，即要符合人性的理念及其全部的潜能来进行教育。这条准则十分重要。通常父母只是教育孩子适应当代的世界，哪怕那是一个堕落的世界。他们应该把孩子教育得更好，以便创造出更美好的未来世界。"（见本书第40页）

二是康德的教育思想具有追求世界至善的博爱精神。他要求年轻人"对他人有博爱之心，有世界公民的观念。在我们心灵中的关切包括：（1）我们自己；（2）与我们共同成长的人；（3）世界至善。要让儿童知道这些关切，让他们的心灵对此产生热爱。他们必须为世界至善感到欣喜"（见本书第98页）。这种面向未来的开放性和追求世界至善的博爱精神，让康德的教育思想超越了所在时代和国家的界限，成为各个时代的人们可共享的宝贵精神财富。

第三，这部作品是人们走进康德教育思想的一条捷径。作为举世闻名的经典哲学家，康德的作品无疑值得任何时代的人去阅读。此书是他专门探讨教育问题的作品，篇幅很短，而且因为是根据授课的笔记编写而成，所以相对比较容易理解，不像他的其他哲学著作那么抽象难懂。从实用的角度来说，阅读本书可以说是人们了解康德教育思想的首选。[1]

总之，《论教育》一书虽说是在200多年之前出版的，但是其中的核心教育思想并未过时，仍然能够给今天的我们带来很多有益的启发。相信我国的父母、教师以及其他教育工作者，都可以从康德的教育思想中汲取有助于改进教育观念和实践的智慧与灵感。

2021年5月25日

---

[1] 感兴趣的读者自然可以由此出发，进一步探究康德的教育思想和哲学思想。事实上，康德的许多作品都包含着有关教育问题的思考，例如《实践理性批判》《判断力批判》《纯粹理性界限内的宗教》《道德形而上学》《实用人类学》等。

出 版 前 言

林 克①

按照旧时的规定，哥尼斯堡大学的哲学教授要轮流为大学生讲授教育学课程，因此，这一系列课程有时也会轮到康德教授来讲授。康德在讲这门课时，是以他的前同事、教会监理会成员弗里德里希·塞缪尔·博克②所撰写的《教育艺术教程》③为教材的，但康德既没有遵循它的研究路径，也没有秉承它的原理。正是在这种情况下，这些关于教育学的评论产生了。如果不是由于事实上存在课时的限制，如果康德可以由此就这一课题进行拓展并详加阐述的话，那么这些评论可能会更加有

---

① 弗里德里希·特奥多尔·林克（Friedrich Theodor Rink，1770—1811），德国新教神学家、哲学家和大学教师。他在1786—1789年听过康德的讲座，受康德委托，将讲稿整理编辑出版。详见本书导读部分。——译者注（以下注释如无特别说明，均为译者所注）
② 弗里德里希·塞缪尔·博克（Friedrich Samuel Bock，1716—1785），德国新教神学家、历史学家、图书馆员和作家。
③ 书名全称为 Lehrbuch der Erziehungskunst, zum Gebrauch für christliche Eltern und künftliche Erziehungslehrer（《教育艺术教程——基督徒父母与未来教师的使用手册》），作者为弗里德里希·塞缪尔·博克，出版于1780年。全书由"引言""第一部分：父母进行的婴幼儿教育""第二部分：学校或教养院对青少年的道德教育与知识传授"组成。

论 教 育

趣,在有些方面会更加丰富。最近,裴斯泰洛齐①与奥利菲尔②等人致力于教育学并颇有成就,走向了一种值得关注的新方向,我们希望后人对待这种新方向至少能持宽容的态度,尽管他们必然会受到各种非议。这些反对者貌似高尚和博学,却没有充分的理由。毋庸讳言,在这方面,康德也了解并思考了彼时的新思想,他的有些眼光远远超越了同时代的人,我们随便看到的一些评论就足以证明这一点。

在书商弗尔默③对我编辑出版的康德的《自然地理学》进行低级的抨击之后,编辑这样一些手稿对我来说不可能再是令人愉快的工作。因为我本可以平静、满足并活跃地生活在自己并不狭隘的圈子里,为什么要为一些分外的工作让自己难堪,受到不公正的评判?我还不如将空闲时间奉献给自己的学术研究。在这些研究中,方家的认可让我充满自信,相信自己已经做出并且还会做出一些成绩。在我们国家的文献中,除了少数一部分体现出真正的学问,大部分并没有呈现出欣欣向荣的景象,到处充斥着党派之争,夹杂着挖苦的论战和情绪化的攻击,连较优秀的人物也参与其中,但我对此毫无兴趣。对于另

---

① 裴斯泰洛齐(Johann Heinrich Pestalozzi, 1746—1872),瑞士平民主义教育家和教育改革家。
② 奥利菲尔(Ludwig Heinrich Ferdinand Olivier, 1759—1815),瑞士裔德国教育家。
③ 弗尔默(Gottfried Vollmer, 1768—1815),德国出版商和书商,曾与林克发生了一场纠纷,争议涉及双方各自出版的康德的《自然地理学》版本的真实性。

外一种乐趣,我也想置身事外。那就是有的人先遭受了失败,又将这失败连本带利地还给对手,这使他获得了某种执鼎①之权,在权力的暴政之中,他误以为自己升格为文献的独裁者。哀哉,这是在纸上逞英雄!但什么时候才能变得不一样,什么时候才能变得更好呢?

1803 年于春季博览会

---

① 原文为 Dreifuß,译为"三足鼎"。在古希腊神话中,最著名的三足鼎是德尔斐鼎,它是阿波罗的圣物,女祭司坐在上面传达神谕。根据神话,犯了谋杀罪的赫拉克勒斯到德尔斐神谕处询问自己如何得到宽恕,但被拒绝了。他愤怒地抓住三足鼎,并与阿波罗神发生了抢夺和争斗。因此,三足鼎既可以代神发布神谕,也可以引发争斗。

导　　论

　　人必须通过教育，方可成人。人是纯然教育的产物。值得注意的是，人只能接受他人的教育，而这个他人，同样是受过教育之人。因此，缺乏规训和教导的人又会变成学童糟糕的教育者。但如果能让一个杰出的人承担起教育工作，人们便会看到，人可以取得怎样的成就。

 论 教 育

世间万物，唯有人必须经由教育而成。我们将教育理解为抚养（照料、保护）、规训（管教）以及包括塑造在内的指导。因此，人先后是婴儿、学童和学生。

动物会正当地去使用自己具有的某些能力，不会让自身受到伤害。如果我们观察一下雏燕，就会情不自禁地发出赞叹——它刚刚破壳而出，眼眸未启，就知道要排泄在燕巢之外。因此，动物不需要抚养，它们至多需要食物、保暖和引领，或者一定程度的保护。大多数动物虽然需要喂养，但这并非抚养。抚养意味着父母的防范，以确保孩子不会在运用能力时伤害到自身。例如，假设动物也如婴孩一般，来到世间便大声啼哭，那么豺狼虎豹定会循声而来，将其猎获。

规训（管教）将动物性转变为人性。动物的一切均出自本能，外在的天理已经为其安排好一切。人则需要自己的理性。人无本能，必须自己制订行为计划。但因其并非生而能之，而是浑噩地来到世间，因此必须先由他人代劳。

人类应该通过自身的努力，渐渐展现出其全部天赋。教育世代进行。人之初或许在蒙昧的状态中，又或许在完善的、有教养的状态中。如果我们假定后者是最初的状态，那么人必是后来又再度野蛮化并堕入蒙昧中了。

规训避免了人因动物性的驱使而背离了自己的天性，即人性。例如，规训必须给人以限制，使其不会野蛮和轻率地陷入危险之中。因此，管教是纯粹否定的教育，即去除人的野性的

行为；反之，教导则是肯定性的教育。

野性游离于法则之外。规训将人置于人类的法则之下并让其感受到法则的约束。这需要尽早进行。因此，人们一开始将孩子送进学校，并不奢望他们在那里学到多少知识，而是希望他们能够养成安静坐着和严格遵守规定的习惯，以至于他们将来不会随心所欲、为所欲为。

人生而强烈地向往自由，他只要有一段时间习惯了自由自在，便会为此不惜一切代价。因此，规训必须如前所述尽早进行，否则便很难再改变一个人，因为他总是会任性而为。人们在野蛮民族身上也可以发现这一点，尽管他们已很长时间服务于欧洲人，但也无法适应欧洲人的生活方式。这并非如卢梭和另外一些人所认为的那样，是一种对自由的崇高追求，而是由于动物几乎没有在自身之中发展出人性所造成的蒙昧。因此，人必须尽早养成听从理性规定的习惯。如果一个人在幼年时期就放纵任性，没有受到管束，他便会终生保持某种程度的野性。人在年幼时被母爱过分宠溺也毫无益处，因为一旦他进入社会，便会受到越来越多的来自各方的阻力和各处的打击。

这是上流社会教育中的常见错误。由于他们将成为统治者，在青少年时期便不受约束。人因对自由有向往，所以去除其蒙昧就显得非常必要了，而动物则因其本能不必如此。

人需要抚养和塑造。塑造包含着规训与教导。据我们所知，动物无此需要。除了鸟儿的歌唱，没有动物能从长辈那里

论 教 育

学到什么。鸟儿从长辈那里习得歌唱，就如在学校里一般，老鸟在幼鸟面前竭力示范歌唱，幼鸟则竭力从稚嫩的喉咙中发出同样的音调，这令人十分感动。为了证明幼鸟并非出于本能歌唱，而是真正源于学习，可以做这样一个实验：拿掉一半金丝雀的鸟卵，代之以麻雀的卵，或用小麻雀替换小金丝雀。然后将它们带到一个听不到外界麻雀鸣叫的房间。最后，小麻雀学会了金丝雀的歌唱，由此人们得到了能像金丝雀一样歌唱的麻雀。这实在令人惊叹，每一种鸟类都世代保有着某种主要的歌声，这歌唱的传统大概是这世界上最忠实的传统了。

人必须通过教育，方可成人。人是纯然教育的产物。值得注意的是，人只能接受他人的教育，而这个他人，同样是受过教育之人。因此，缺乏规训和教导的人又会变成学童的糟糕的教育者。但如果能让一个杰出的人承担起教育工作，人们便会看到，人可以取得怎样的成就。然而，由于有些东西是从教育中直接获得的，而有一些东西是被教育所激发的个人天赋，因此人无法分辨自己的天赋能够发展到何种程度。假如能在大人物的支持下联合社会力量做一个实验，我们就可以知道人的潜力有多大。但是，对于思辨的头脑与那些博爱主义者来说，同样重要却令人感到悲哀的是，大人物常常只关心他们自己，不愿意参与到这种促进人性趋向完美的重要的教育实验中来。

没有一个小时候被放纵的人，长大后能自己认识到，他在

规训或教养（人们可以称之为教导）方面的欠缺。一个没有教养的人是蒙昧的，一个没有被规训过的人是野蛮的。缺乏规训比缺乏教养更为可怕，因为教养之事尚可亡羊补牢，而野性则难以移除，规训的疏忽难以弥补。由于教育的背后隐藏着人类天性趋向完善的伟大奥秘，因此，或许教育会愈来愈好，每一代都向着人性之完善更进一步。此事自今日始。因为人们现在已经开始正确地判断和清晰地认识到，什么属于好的教育。想象一下，人的天性通过教育而发展得愈加美好，并将教育带入一种合乎人性的形式之中，这是多么令人心驰神往的事！这为我们展示了未来更加幸福的人类前景。

构思一种教育理论是一个崇高的理想，即使不能立刻实现，也有益无害。即使实现起来困难重重，人们也不要仅仅将其看作空想的理念，并将其诋毁为痴人说梦。

理念不外乎一个在经验中尚未出现的完满的概念。例如一个完善的、按照公平正义原则治理的共和国的理念，它是天方夜谭吗？我们必须首先树立正确的理念，之后，尽管在实现它的过程中会遭遇艰难险阻，但也绝非不可能。假设人人说谎，那么讲实话就是奇思怪想吗？一种教育的理念，一种发展人全部天赋的理念，当然是真实的。

在当前的教育中，人无法完全实现其存在目的，因为人们的生活是多么不同！只有人们按照一样的准则行动，且这些准则必须成为大家的另一种本性时，大家才会整齐一致。我们可

论 教 育

以规划一种更合目的的教育方案,并以此为指导而代代相传,使得这种教育逐步实现。例如,人们摘下一朵报春花,所能得到的不过是一种颜色;若将它的种子进行播散,就会得到形态各异、五颜六色的花朵。自然将种子放入其中,但关键在于恰当播种和培植。对人亦是如此。

人性中存在着许多种子,我们的任务是,让天赋均衡地发展,让人性从种子中生发出来,让人充分发挥他的潜能。动物自己完成了这一切,却不自知。人则需要努力实现,但若对自己的潜能毫无概念,则发挥潜能便无从谈起,个体也不可能完全发挥出潜能。假设有第一对真正有教养的夫妻,那我们一定要看看,他们是如何教育孩子的。这对夫妻是孩子们的榜样,孩子们效仿他们,并以此来发展一些天赋。但是,不可能所有的人都按这种方法成为有教养的人,因为孩子们能看到榜样的情况只是个例。以前人们对人性所能企及的完满程度毫无概念,我们自身也没有清晰地理解这个概念。但可以肯定的是,通过对孩子的教育,使他们完全发挥潜能,并非个别人才可以做到的。不是某些人,而是全人类都应达到这个目标。

教育是一门技术,必定要经过许多代而臻于完善。每一代人都拥有前人的知识,因而都能基于此发展教育,使得人的天资禀赋得到均衡的、合目的性的发展,从而将整个人类的潜能发挥出来。上天希望人能从自身中发展出善,它对人们说:"到世间去吧。我为你配备了向善的天赋,你要做的是发展这天赋，你幸福与否都取决于你自己。"

人应该首先将向善的天赋发展起来，上天并没有在他的心中放入成品，放入的只是纯粹的天赋，没有道德上的区分。人们应该自我改善，自我教化，弃恶扬善，这才是人应该做的事情。但人们只需仔细想想，就会发现这绝非易事。因此，教育是人所遇到的最大、最难的问题。因为认识取决于教育，教育又取决于认识，所以教育只能积跬步循序渐进，只有通过经验与知识被代代相传，继而被增砖添瓦，再度传承，教育方式才能找到正确的观念。一切伟大的文化和经验都是这种观念的前提，因而这种观念无法在早期阶段出现，而我们自己对此尚未认识清楚。个体的教育是否应该像大众教育一样代际传承呢？

人有两项发明最难，即统治术和教育术。人们对二者的理念一直争论不休。

人的天赋的发展，自何处始？自蒙昧的状态还是有教养的状态开始？很难想象自蒙昧状态而开始的自身发展（因此对第一个人的概念也很难想象）。我们看到，人有此种发展后总是再次堕落，继而又一次自我提升。即使文明程度已经很高的民族，在他们最早的文字记载的信息之中，我们也可以看到近乎蒙昧的印记。而书写需要经过多少教化，才使得人们想到文明人时，可以将书写的开端称为世界的开端。

由于天赋的发展无法自行完成，因此所有的教育都是一种技术。自然没有为此赋予人任何本能。这种技术的起源和进步，要么是机械性的，即无计划、只取决于所处环境的，要么是规定性的。教育技术的机械性基于彻底的偶然，即我们权衡利弊的经验。所有机械性的教育技术必然存在许多错误和缺陷，因为它没有计划为根据。假如要发展人的天性，使其发挥所有的潜能，那么教育技术或教育学必须是规定性的。例如，有教养的夫妇已经是孩子们尊敬效仿的榜样。但如果想要青出于蓝而胜于蓝，那么教育学则必须成为一门学问，否则便无法指望孩子们变得更好，而且在教育中被败坏的人还会去教育其他人。教育技术中的机械性必须转变为科学，否则便无法成为连贯的努力，下一代人有可能毁掉前人的已有成果。

教育技术的一条准则，尤其是那些制订教育规划的人应该注意的是，儿童教育不应以人类的当前状况，而应以未来的更美好的状况为准绳，即要符合人性的理念及其全部的潜能来进行教育。这条准则十分重要。通常父母只是教育孩子适应当代的世界，哪怕那是一个堕落的世界。他们应该把孩子教育得更好，以便创造出更美好的未来世界。在此存在如下两个障碍。

第一，父母通常只关心他们的孩子们在世间的幸福；第二，贵族只把臣民看作实现其意图的工具。

父母关心一家，贵族关心一国。二者都未将世界至善和人的完满作为终极目的，而这种完满是由人性所决定且具备了相应天赋的。教育计划的制订必须具有普世性。世界至善是否是一种可能损害个人利益的理念呢？绝不是！表面上看来，个人必然要做出某些牺牲，但也会由此促使我们现在的境遇达到最佳，随之而来的结果将会何等美好！世界上的一切美好事物正是出自好的教育。人内在的种子，必须要得到越来越多的发展。因为恶的根源并不存于人的天赋之中，而在于天性没有被置于规则之下。人的内在只有善的种子。

但是，世界更美好的状态从何而来呢？源于君侯还是臣民？抑或是臣民先完善自身，之后再与贤明的政府协调一致？若源于君侯，那么必须改良王子们的教育。长久以来，他们的教育存在一个严重的错误，那就是无人约束这些少年。一棵树孤零零地长在田野中，难免会长得树干盘曲，枝条散漫；反之，林中之树，因有旁边的树木与之相抗，才得以遒劲挺拔，向上寻求空气与阳光。对于君侯来说也是如此。而且他们若是能受教于出身臣民阶层的人，则比受教于同阶层的人更好：只有君侯受到更好的教育，我们才能指望善由上至下地散播！因此，关键要靠个人的努力，而非像巴泽多①等人所认为的那样，靠君侯的资助。因为经验表明，出于自私的愿望，君侯首先考虑其邦国利益，而非世界至善。如果他们真的出资了，那么也必须任由他们来预先制订计划，在人类精神培养与知识扩

---

① 巴泽多（Johann Bernhard Basedow, 1724—1790），德国教育改革家、教师和作家。他在德国东部城市德绍创立了德绍博爱学院，并著有教育学方面的著作《基础教科书》(*Elementarwerk*)。

论 教 育

展方面皆是如此。权力与金钱无法完成这个任务，至多只能为其提供便利。但是，假如国民经济不再首先考虑上缴国库的税款，那么就可以完成这个任务。同样，学术机构至今也毫无作为，而且对它们将来会有所作为的希望从未如今天这般渺茫。

因此，学校的组织应该听取最开明的专家的看法。一切文化源于个人，再从个人向大众传播。他们志趣广泛，热心世界至善，坚信美好未来，只有通过他们的努力，人的本性才有可能逐渐接近其目标。而有些大人物却将民众看作自然界的一部分，只关注其繁衍，至多还要求他们具有技能，让这些臣民更好地成为实现其愿望的工具。个人当然要首先着眼于自然目的，之后则要尤其注意发展人性，且重视的不仅仅是技能，更是道德。此外，最为困难的是，还要力求让后代取得比自己更大的进步。

在教育中必须做到以下几点。

1. 人要受到规训。规训意味着力求防止动物性损害人性，无论是对个体而言还是社会人来说。规矩就是对动物性的抑制。

2. 人须受到培养。培养在这里应被理解为教导和指导。它让人获得技能。它让人具有实现一切目的的能力。但它不设定目的，目的因势而变。

有些技能在任何情况下都是有益的，例如阅读技能和书写技能；另外一些技能则适用于个别目的，例如音乐技能可以让

我们受人喜爱。目的层出不穷，技能也永无止境。

3. 还要重视的是，人要变得睿智，以便适应社会，受到爱戴，发挥影响力。这是培养中的一个特定类别，被称为文明化。它要求端庄、礼貌和具有一定的智慧，这样的人可以得到其他人才的襄助，从而实现自己的终极目的。它随时代风尚的迁移而变化。几十年前人们在交际中还很讲究礼仪。

4. 还需重视道德教育。人不仅要适合于各种目的，而且应该有这样的信念：他只选择好的目的。好的目的必然被每个人所认同，同时可以成为每个人的目的。

人或是被驯化（驯化这个词从英语而来，词源为 dress，意为穿衣，由此还出现了 dreßkammer 这个词，意思为传道士更衣的地方，而非慰藉室）、训练、机械化地进行培训，或是真正地被启蒙。人们驯化了狗和马，同样可以驯化人。

然而，仅靠驯化无法产生好的效果，最重要的是让儿童学会思考，思考一切行为所依据的原则。人们看到，对于真正的教育来说，任重而道远。人们在个人教育中常常忽略实施上述的第四点，而基本上把道德教育的任务留给了传教士。而格外重要的是，让儿童从小就学会憎恶恶习，不只是因为上帝的禁令，而是因为恶习本身就令人憎恶。否则，他们容易产生这样的想法：如果上帝没有禁止，或者上帝能够破例，他们就总是可以为所欲为，不受约束。上帝是最神圣的本体，他只求善，

 论 教 育

并要求我们的行为应该遵循道德的内在价值,而非由于他的要求。

我们生活在规训、培养和文明化的时代,但还远非一个道德教化的时代。对于如今的境况,可以说,国之幸运与民之不幸都在加剧。但问题是,我们若停留在蒙昧之中,未受任何教育,难道会比今天更加幸福吗?若无道德与智慧,何谈人的幸福?恶的数量也不会减少。

在建立标准学校之前,人们必须先建立实验学校。教育和指导绝非纯然机械的,而是要根据原则;但也不能只是夸夸其谈,而是也要以某种方式形成机制。在奥地利曾经只有按照同一计划而建立的标准学校,这种计划受到了很多人各种理由的反对,人们尤其可以批评其盲目的机械主义。其他所有学校都须按照这种学校标准而设立,且拒绝提拔未经此种学校培养的人。这些规定表明了政府对此付出了多大的努力,但强制之下却不太可能会有好的结果。

人们往往以为,实验在教育方面并非必要,人们凭理解力就可判断好坏,但这其实大错特错。经验表明,我们尝试的结果总是事与愿违。人们看到,任何一代人都无法给出圆满的教育计划,这是因为关键在于实验。唯一一所首开先河、打破常

规的实验学校是德绍博爱学院①。人们应当给予它这种荣誉，尽管它也存在着一些受到批评的错误，这些出现在所有实验结论处的错误，都是由于其中总是包含着新的实验。它在某种程度上是唯一一所这样的学校——在这里，教师们可以自由地按照自己的方法和计划进行教学，他们不仅在彼此之间，也与所有德国的学者建立了联系。

教育包括照料和塑造。它分为：（1）否定性的，仅仅为了杜绝错误而进行规训；（2）肯定性的，即传授和引导，二者属于培养。引导是指引学生学以致用。由此产生了纯为教学的普通教师与作为导师的高级家庭教师的区别。前者为课程而教育，后者为生活而教育。

对于处在第一个阶段的学生，他们必须表现出谦卑和被动的服从；到了另一阶段，则要学会在法则之下进行思考和利用自由。前一阶段是机械性的强制，后一阶段则是道德性的强制。

教育，或是私人教育，或是公共教育。后者只与传授知识有关，这种教育可以始终是公共的。遵守规范则是前者的任

---

① 德绍博爱学院（Philanthropinum Dessau）由德国教育改革家巴泽多与沃尔克（Christian Heinrich Wolke，1741—1825）创立于1774年12月27日，最初旨在成为教育工作者的培训基地。其早期的学生大都来自中产阶级的开明家庭，后来的学生基本上是贵族与富家子弟。它采用新的教学方法，设立新的教学科目，拥有新的教育理念，在当时的欧洲引起了强烈的关注和反响，并被各地效仿。该校于1793年关闭。

 论 教 育

务。一种完善的公共教育是将教导与道德塑造结合在一起的教育。其目标在于促进良好的私人教育。能够实现此目标的学校被称为教育学院。这种学院和在这种学院就读的学生都为数不多，因为它价格昂贵，仅建校就造价不菲。它的情况就如贫民院和救济院一样。建筑费、院长、看护以及佣工的薪水，已经占用了一半的经费，而实际上，如果将这笔钱发放给穷人，他们的生活就能得到很大的改善。因此，除了富家子弟，其他孩子很难进入这等教育学院。

这种公共学校的目标是完善家庭教育。只有当孩子的父母或其他教育辅助者都受过良好的教育，才能省掉这种公共学校的花费。在这些学校里，应该进行各种尝试，塑造学生，并从中产生良好的家庭教育。家庭教育应由父母们亲自进行，如果因为父母们对此没有时间、能力或兴趣，则可以雇佣辅助者。在这种由辅助者负责的教育中，常常会出现一种非常棘手的情况，即父母与家庭教师共享权威。孩子既要遵守家庭教师的规定，又要听从父母的想法。因此对于这种教育，父母有必要将整个权威交给家庭教师。

公共教育与私人教育到底孰优孰劣？概而论之，公共教育不仅在技能传授方面，且在公民性格方面都较家庭教育有优势。家庭教育常常产生且传递家族缺陷。

教育应持续多久？答案是，应该持续到天性可以让人自我引导的时候，性的本能发展起来的时候，可以做父亲并且要教

育他人的时候，也就是大约十六岁的时候。之后，人们或许还可以使用培养的辅助手段和进行潜在的规训，却不能再对他们进行正规的教育了。

儿童的顺从，或是积极的，或是消极的。所谓积极，是指儿童因为缺乏判断力而遵守规则，效仿的能力会在他们身上得到发展。所谓消极，是指如果他们想让别人满足他们的愿望，他们就必须先满足别人的愿望。在前面一种情况下，他们违反规则，会遭受惩罚；在后面一种情况下，他们不满足别人的愿望，会导致自己的愿望落空。此刻，他们虽然已经能够思考，但还是依赖于快感。

教育中最大的问题是，如何既能服从法则的约束，又能发展自由的能力，并将二者结合起来。约束是必要的！那么我们该如何在约束之中培养自由？我们要让儿童习惯于容忍对其自由的约束，并同时引导他们良好地利用自由。否则一切将是机械性的，离开了教育者他们就不知如何利用自己的自由了。他们必须尽早感受不可避免的社会阻力，以便能认识到为了自立，要面对糊口、穷困和赚钱的艰辛。

人们必须注意以下几点：（1）只要孩子不妨碍别人的自由，如大声喊叫或纵情喧闹，以致引起别人的不满，就要让他们从小在各个方面获得自由（那些会伤害他们的东西除外，例如要去握住一把锋利的尖刀）。（2）必须让他们明白，只有他们让别人达到了目的，他们自己的目的才能实现。例如，他

论 教 育

们在应该学习时不学习，辜负了他人的期望，那么他们就会被禁止开心玩耍。（3）必须向他们证明，人们给予他们的约束，能将他们引向自由，人们培养他们，以便将来他们能够自由，也就是能够不依赖他人。最后一项要最晚实施。因为孩子要到很晚才能明白，他们以后要自谋生计。他们以为，一直会像在父母家中一样，吃喝不愁。若无此虑，孩子们，尤其是贵族和富家的子弟，会如奥塔海特的居民一样，终生都是孩子。在这方面，公共教育体现了其显而易见的优势，在此人们学会了衡量自己的力量，学会了被别人所约束。没有人享受特权，因为处处都能感受到阻力，只有成绩突出才能受人关注。这树立了未来公民的最好榜样。

这里还要考虑到其中存在着的一个难点，那就是预先教授性知识，以防止孩子在成年之前就染上恶习。对此我们后面还会进一步讨论。

正　文

　　教育学或者说教育理论分为身体的保育和实践性教育。保育或照料为人与动物所共有，而实践性教育或道德性教育则是要把人培养为自由的行为个体。

教育学或者说教育理论分为身体的保育和实践性教育。保育或照料为人与动物所共有，而实践性教育或道德性教育则是要把人培养为自由的行为个体。（所谓"实践性"是用来指一切与自由相关的教育。）这是通往人格的教育，是一个自由行为个体的教育，这个个体保持了自身的独立性，同时成为社会成员，对于其自身来说则获得了内在价值。

实践性教育包括：（1）着眼于技术的机械性的知识教育，是传授性的（普通家庭教师）；（2）着眼于智慧的实用性教育（高级家庭教师）；（3）着眼于品德方面的道德性教育。

人们需要知识教育或教导，以便能成功地实现所有的目标。它将价值给予了作为个体的人。而智慧的培养将人塑造为公民，使他拥有了公共价值；他既试图让公民社会满足自己的意愿，同时又顺从于公民社会；最后，通过道德的培养，他实现了对于整个人类的价值。

知识教育是要最早和最先进行的，因为智慧以技艺为前提，智慧是人娴熟地运用其技艺的能力。而道德培养是以人们应该自己认识到的基本法则为前提的，是最晚的。但由于这种培养以最普遍的人类理解力为基础，因此必须从一开始，即从保育阶段就要受到重视，否则错误就容易生根，令之后的所有教育手段都无济于事。就技艺和智慧而言，所有教育必须根据年龄而循序渐进。对儿童的教育培养的是童稚的技艺、童稚的聪慧与乖巧,而非成人的狡猾;成人的狡猾之于儿童,就如稚气之于成年人,是不合适的。

 论 教 育

> 最初的教育只是消极性的。也就是说，人们并不需要发展天性，只需要不妨碍天性就好。教育的技巧只在锻炼中发挥作用。

关 于 保 育

尽管家庭教师并不是很早就看护孩子，一般不需要操心孩子在身体方面的保育，但也应该知道教育从始至终都要注意的一些事宜。即使家庭教师只负责较大的孩子，但这个家庭有可能又有了新生儿，如果他的表现很好，往往有资格作为父母的信赖者，并在保育工作上出谋划策，因为他可能是家里唯一一个饱学之士。因此，这方面的保育知识对于家庭教师来说也是必要的。

身体的保育只是照料，无论实施者是父母、乳母还是看护员。自然为孩子所规定的食物是母乳。人们经常会听到这样的话：你从吃奶的时候起就已经吸收了这些。这种孩子会随着奶水吸收思想意识的看法，是纯粹的偏见。母亲亲自哺乳孩子，对二者来说都最为有益。但在生病等极端情况下例外。人们以前认为，分娩后产生的像乳清一样的初乳对婴儿有害，在哺乳之前必须去除。卢梭却让医生们首先注意到，这种初乳也有可能对婴儿有益，因为自然从不徒劳造无用之物。人们的确发现，初乳有利于新生儿排出体内垃圾，即医学上称为的胎便，

这对婴儿很有好处。

有人提出，能否用动物奶来哺育婴儿。人的乳汁与动物的奶水差别很大。草食动物或素食动物的奶水在加入酸性物质——如酒石酸、柠檬酸，特别是牛胃中被称为凝乳酶的酸性物质之后，会很快凝结，而人的乳汁却不会。但如果母亲或乳母几天下来坚持素食，她们的乳汁也会像牛奶一样凝结，若之后一段时间恢复肉食，乳汁又会如先前一样好。人们由此推断，母亲或乳母在哺乳婴儿期间食肉，对婴儿非常有益。当婴儿吐奶时，人们会发现奶已凝结。婴儿的胃酸肯定比其他酸性物质更能促进奶水的凝结，因为人的乳汁在其他情况下不会如此。如果婴儿被喂养已经凝结的奶，那情况将会多么糟糕。如果看看其他民族，那问题的重点还不仅在于此。例如，森林中的通古斯族只吃肉食，且强壮健康。但所有这样民族的人的寿命都不长，而且人们毫不费力就能举起他们中的一个高个成年男子——人们看不出他的体重很轻。瑞典人，尤其是印度诸民族恰恰相反，他们几乎从不吃肉却也健康成长。因此问题的关键似乎在于，乳母的身体状况如何，最有利于其健康的食品就是最好的。

现在的问题在于，停掉母乳之后如何喂养孩子。人们近来尝试了各种面粉糊，但这在停乳之初并不好。人们必须特别注意，不要给儿童任何刺激性的东西，如酒、调料、盐等。奇怪的是，儿童还偏偏喜好这些食物。这是因为他们味觉迟钝，偏

 论 教 育

好这种令人感到舒适的兴奋刺激之物。俄国常喝烈酒的母亲也会用烈酒喂养孩子,人们发现,俄国人照样健康强壮。的确,能够活下来的孩子必然体质优良,但有些本来能够存活的孩子却因此死去——因为过早的神经刺激会导致神经错乱。过热的食物和饮料也必须避免,因为这会导致身体虚弱。

进一步要注意的是,切勿给儿童穿得过暖,因为他们的血液温度要比成年人的高。儿童的血液温度高达华氏110度①,而成人的血液温度只有华氏96度②。长大之后的舒适温度,对于儿童却是令其窒息的。清凉的习惯往往使人变得强壮。即便是成年人,也不宜穿得和盖得过暖、习惯喝过热的饮料。儿童还要睡又凉又硬的床。冷水浴也有好处。不要用刺激物激发儿童的食欲,食欲应该是行动与活动的结果。不要让孩子养成依赖某物的习惯,即使是好习惯,也不要总是通过人为的方式来养成。

原始民族不使用婴儿包裹。例如,美洲的野蛮民族为小孩子在地上挖一个坑,撒上木屑,这样婴儿的便溺能被木屑吸收,保持了身体的干燥,并用树叶盖住身体;此外,婴儿的肢体是可以自由活动的。把婴儿像木乃伊一样包裹起来对于我们是方便,因为这样就不必担心婴儿骨头弯折,但骨头弯折往往是因为把婴儿包裹起来才发生的。而且因为这样肢体无法活

---

① 约43℃。
② 约35.5℃。

动，往往使婴儿产生恐惧，甚至陷入某种绝望。人们还以为婴儿的哭喊通过呼唤就能平息。其实假设包裹住一个成年人，他一样会因恐惧和绝望而哭喊。

人们必须要注意，最初的教育只是消极性的。也就是说，人们并不需要发展天性，只要不妨碍天性就好。教育的技巧只在锻炼中发挥作用。——因此包裹必须去除。如果为小心起见，人们可以用一种上面系着带子的盒子，意大利人会用它并称其为 Arcuccio。婴儿一直待在盒子里，哺乳时也不例外，这样即使母亲夜间哺乳时睡着了，也可以避免婴儿被压死——在我们这里婴儿由此丧命的事件屡见不鲜。这种预防措施优于包裹，因为婴儿在其中获得了更多的自由，同时还可以避免出现经常由于包裹所造成的骨头弯折的情况。

早期教育的另外一个习惯是摇摆。最简易的是农民使用的那种。他们将摇篮挂在房梁的绳索上，只需一推，摇篮便自动从一端摆向另一端。而摇篮其实毫无益处，因为晃来晃去对婴儿是有害的。看看成年人，摇动也会导致其呕吐和眩晕。人们希望婴儿眩晕而不哭喊。而哭喊对婴儿是有益的。不曾呼吸的婴儿一旦从母亲的子宫中娩出，就会吸入第一口空气，由此改变了的血液路径会给他带来疼痛的感觉。通过哭喊，婴儿的内脏与血脉都会得到发展。同样有害的是乳母们常有的那种习惯：婴儿一哭，就立刻给他们唱歌谣来进行安抚。这常常会给孩子带来第一个恶习，因为他们看到，哭闹可以得到一切，于

 论教育

是便会更频繁地故伎重施。

事实上,普通人家的孩子比上流社会的孩子更易被惯坏。普通人像猴子一样与孩子玩耍。他们给孩子唱歌,拥抱和亲吻孩子,与孩子一起跳舞。他们认为,孩子一哭,就要马上跑过去和他玩,以为这对孩子是有益的。但孩子却哭闹得更为频繁。如果人们对其哭闹置若罔闻,孩子最终也会停止哭闹——因为谁都不爱做无用之功。而人们总是让孩子习惯于被娇纵所有的坏脾气,这之后再节制他的任性就太迟了。人们要对其哭闹置之不理,他们就会自觉无趣。反之,人们若是从小就娇纵他的坏脾气,就会破坏他们的心灵与道德感。

孩子无疑对道德毫无概念,他们若因被放纵而导致了本性的堕落,那么之后人们必须通过严厉的惩罚措施来救赎其败坏的品性。由于人们总是满足其一切要求,想戒除时,孩子就会在哭闹中表现出成人才会有的、孩子还无力表达出的愤怒。他们已习惯呼之即来、横行霸道,一旦权力丧失,必然大为光火。即使是成人,若突然丧失原有的权力,也会感到无所适从。

婴儿在出生后的最初一段时间,大概三个月左右内,是看不清楚的。他们有光感,却不能清晰地区分对象。人们可以这样证明:给他们展示一些闪光的东西,他们并不会用目光追随。他们已经会通过面部表情表现出哭、笑。此时,他们的哭喊只是条件反射,但这种反射的条件尚不明朗。之后他们则用哭喊来表达痛苦。卢梭说:如果打一个六个月大的婴儿的手,

他就会像手被火烧到一样哭喊。这已经与侮辱的概念有关。父母常常谈到对孩子意志的驯化。如果孩子一开始并没有被惯坏，就无须违背他们的意愿。最初的变坏来源于他们能用哭喊来胁迫他人满足自己的霸道要求。之后再变好则非常困难，几乎无法成功。人们可以令孩子安静下来，但孩子却在心中埋下了愤怒的种子并愈演愈烈。例如，父母让孩子被鞭打之后亲吻父母的手，这非常奇怪。这会让孩子学会掩饰和变得虚伪，因为鞭子并非人们应该感谢的美好礼物——可以想象孩子在吻手时的心情。

人们习惯于用牵引带或学步车来教儿童学习走路。人们如此重视教习走路，好像有人因未曾学习而不会走路似的。牵引带尤其有害。有作家曾谴责过牵引带引发的鸡胸。由于孩子要抓东西和从地上捡拾东西，胸部却与牵引带相连，而孩子的胸部尚且稚嫩，因此会被压成扁平并不可逆转。孩子借助这些辅助工具来学习走路，并不比自己学习更为安全。人们最好让孩子在地上自由爬行，直至他们渐渐地开始自己行走。出于谨慎，可以给卧室地板铺上毛毯，以免孩子被碎片扎伤或在硬地面上摔倒。

人们总是认为，孩子摔得很重。事实上，孩子不会摔得很重，摔倒一次也不会受伤。相反，他们能学习如何更好地保持平衡，并避免摔伤。人们还习惯于给孩子戴上帽檐很长的帽子，以防摔伤面部。如果人们在孩子有天然的工具之外使用人

 论 教 育

为的工具,那这就是不利的教育。天然的工具是手,孩子在摔倒之际会用手支撑。使用人为工具愈多,就会让孩子对这些工具愈加依赖。

总之,较好的方法是,人们在最初阶段少使用工具,让儿童更多地自己学习,由此他们能更扎实地掌握一些技能。例如,孩子很有可能自己学会书写,因为书写是人的发明——也不是什么大发明。比如,有孩子想要面包,人们可以问他:你能把它画下来吗?孩子会画出一个圆形。人们又可以告诉他,无法判断这是个面包还是块石头。孩子就会尝试,用字母 B 来表示面包。孩子在这个阶段发明了自己的 ABC,之后只需用其他的符号替换即可。

有些孩子天生带有一些残疾。有没有方法来改善这种畸形呢?经过许多学者的努力,人们发现,束身衣是没有用的,只会增加孩子的痛苦,因为它妨碍了血液和体液的循环以及身体内外部必要的伸展。让孩子自由成长,他们就可以锻炼自己的身体。而一个穿束身衣的人,一旦脱下,就会比没有穿过的人虚弱很多。人们对于躯干歪曲的人,可以通过让肌肉力量强壮的一侧承受更多的负重来帮助他。但这也很危险,因为很难保持平衡。最好让孩子自己练习平衡,因为在这方面任何器械都于事无补。

所有这些人为措施都是有害的,因为它违反有机的、理性的人的自然目的。要实现这个自然目的,人就必须自由地去运

用自己的力量。在教育中要防止孩子变得软弱，而磨炼是软弱的对立面。但如果要求孩子们适应一切，那就会面临很大的风险。俄国人的教育就太离谱，儿童的死亡数量也令人震惊。上瘾的过程是反复饮食或重复行为的发生，之后变成饮食或行为的必需。孩子对一些刺激性物品，如烟草、烈酒和热饮很容易上瘾，因此父母要避免他接触这些物品。戒除这类嗜好非常困难，且初期会带来很大痛苦，因为对成瘾的饮食的长期享用已经改变了身体的机能。

一个人的不良习惯越多，就越难以自由和独立。人和动物在这一点上都是一样的，早期的习惯会在之后一路相随。人们一定要避免孩子上瘾，禁止让他对任何事物成瘾。

很多父母希望孩子习惯一切，但这是不合时宜的。因为无论是人类整体上的还是个体的天性，都是不会习惯一切的，许多孩子还在学习之中。例如，父母们希望孩子们能够在任何时间睡觉、起床或进餐。若要能经受这些，则需要有一种特殊的生活方式锻炼身体、修复损伤。我们在自然中也发现了某些周期性，动物也有固定的时间睡觉。人也应该习惯这种周期性，以使身体功能不被扰乱。而就儿童是否应该能随时进餐而言，人们并不能以动物为榜样。例如，食草动物因为摄取的营养不多，所以要不停地进食。而对人类来说，定时进餐则有益健康。有些父母希望孩子能承受严寒、恶臭与噪声等。如果孩子没有什么恶习的话，这完全没有必要。在这一点上极为有益的

论 教 育

做法是，让孩子处于不同的环境中。

硬床比软床更有益健康。艰苦的教育培养出强壮的身体。在这里，艰苦的教育仅是指避免安逸。可佐证此观点的例子俯拾即是，只是人们没有留心，或者准确地说，不愿留心而已。

人们把培养性情也作为保育工作中的一项。需要注意的是，规训不能是奴役性的，而是要让孩子始终感受到他的自由，只是不能妨碍别人的自由，因而他们必须受到约束。有些父母拒绝孩子的一切要求，以训练其忍耐力，并要求孩子具有父母自己都不具备的忍耐力。这太严苛了。人们给孩子有益的东西，然后告诉他：你拥有的足够多了。要注意，一旦给予就不能反悔，这是必要的。如果孩子利用哭闹来试图胁迫，人们就要能够做到置之不理，也不要满足他的要求。如果他友好地提出对他有益的请求，就要满足他。这样，孩子就会变得更为率直，而不会利用哭闹来纠缠；反过来，人们也会友好地对待他。孩子天生表情友善，因此惹人喜爱。最有伤害性的莫过于用嘲讽和奴役性的规训来压制孩子的任性。

常有人对孩子大喊："呸，真可耻，真没规矩。"这在早期教育中绝不应该出现。孩子在此时还没有羞耻和体面的概念，他们没有什么要感到羞耻的，也不应该感到羞耻，这样做反而会让他们变得胆怯。他们会在人前害羞，并躲藏他人，由此会产生拘谨和有害的掩饰。在应该并且可以提出请求的时候，他们不敢提出请求；在应该坦率表达的时候，他们不敢坦

率地表达，心口不一。他们疏远父母，避开父母，并投入驯顺的下人的怀抱。

无谓的浪费和无度的爱抚也不比嘲讽好。这会让孩子固执己见，并且让父母错误地在孩子面前暴露他们自己的弱点，从而丧失了孩子对他们应有的尊重。如果人们教育孩子，让他无法通过哭闹达到目的，孩子就会变得自由而不莽撞，谦虚而不羞怯。"放肆"（dreist）一词原来写作dräust，因为它源于"恐吓"（drauen）和"威胁"（drohen），放肆至极之人会让人难以忍受。有些人神情放肆，必然使人害怕他们的粗野；而另外一些人的表情让人一眼就能看出，他们绝不会言谈粗鲁。只要人们的表情带着某种善意，他们看起来就是坦诚的。而人们谈论一些贵族时，说贵族们看上去不可一世——这不过是因为贵族们从小习惯了放肆的眼神，从未受到过约束。

所有这些都可以算是否定性的塑造。因为人的很多缺点并不是源于无知，而是源于错误的印象。例如，乳母会让孩子害怕蜘蛛、蟾蜍等。孩子本来想像抓其他东西一样去抓蜘蛛，但由于乳母一见到蜘蛛脸上便立刻浮现出憎恶的表情，就会将这种情绪传染给孩子。有些人终生都恐惧蜘蛛、蟾蜍等，在这方面一直很幼稚，因为蜘蛛对苍蝇来说是危险的，且能将之毒死，但却不会伤人。而蟾蜍是一种无害的动物，和美丽的青蛙以及其他动物一样。

论 教 育

保育中肯定性的部分是培养。人与动物不同。这种培养首先在于天生能力的练习，因此，父母必须为孩子提供这样的机会。这里首要的和最重要的规则是，人们尽量不要使用人为的工具。人们一开始就要放弃牵引带和学步车，而让孩子在地上爬行，直到他们自己学会走路，之后才能走得更稳。工具则会破坏孩子天生的能力。人们借准绳来测量，其实用目测一样可行；人们用钟表来计时，而利用太阳的位置同样可达此目的；人们靠指南针在森林中定位，而靠白天的太阳、夜晚的星辰同样能判定方向。人们甚至可以说，人能够不用船舶而靠游泳在水中前行——知名人士富兰克林就很奇怪，为什么游泳如此舒适和有用，却不是人人都学？他还提出了一种自学游泳的简便方法：站在能触到底的水中，头稍稍露出水面；同时在水底放一个鸡蛋，要试图去捡起鸡蛋，这样就得弯腰、抬脚，而为了避免进水，还要仰头：这样就掌握了游泳的正确姿势。此时只需再划动手臂，就是在游泳了。——因此，关键在于培养天生的技能。类似情况很普遍，儿童经常具有足够的创造性或能够自己发明工具。

在保育工作中，亦即关于身体的教育中，需要注意的是，它要么与任意活动有关，要么与感觉器官有关。对于前者，关键在于孩子的自助，这就需要强壮、熟练、灵敏和准确。例如，能过独木小桥，能走悬崖峭壁，能行弹簧支架。如果一个人做不到这样，他就没有全然发展出他的潜能。自从德绍博爱学院在这方面做出表率，其他学校也与孩子们做出了很多类似的尝试。值得赞赏的是，瑞士人自青年时代便习惯于登山，这提高了他们的能力，使之能够在最狭窄的山路上安全地行走，能够根据目测的估量越过岩缝。但多数人畏惧于想象中的跌落，这让他们肢体发软，以致总把登山和危险联系在一起。这种恐惧通常随着年龄的增长而增加，尤其对于脑力劳动者来说更为普遍。

儿童进行这种尝试其实并不是十分危险的。因为从体格来看，儿童比成年人小很多，因此即使摔倒也不会很严重。此外，他们也比成年人更不易骨折。孩子们也会自己尝试发展其能力。例如，人们经常看到他们漫无目的地攀爬。跑步是一项有益于健康的运动，能够强健体魄。跳跃、举重、负重、投掷、标枪、摔跤、赛跑以及所有类似的练习都很好。而舞蹈，如果是艺术性的，对儿童来说似乎过早。

投掷的练习，既要投得远，又要投得准。这也是对感官的有意训练，尤其是对目测力。球类是最好的儿童游戏之一，因为这类运动还需要有益健康的跑步。最好的运动是既能训练技能又能锻炼感官的运动。例如，判断远近、大小、比例的目测力训练，根据太阳和周围环境判断位置和地点的训练，都是很好的练习。对于地点的记忆力也十分有益，即可以回想到曾经经历过的某地场景的能力，例如，根据经过的树木走出树林。对于位置的记忆力是指，人们不仅要知道从哪本书中读到了某些东西，而且要知道它在这本书中的位置。例如，音乐家能由此记住琴键的位置，无需在演奏中再看琴键。还要对孩子的听觉进行培养，让他们通过听觉来知晓事物的远近和方位。

蒙眼抓人游戏①在希腊很著名，被称为muİnda。儿童游戏通常有共通性，德国的儿童游戏在英国、法国也有。这些游戏将儿童某种自然天性作为基础。例如在蒙眼抓人游戏中，孩子们会发现在缺失一种感官的情况下如何帮助自己。这些游戏还为人们继续思考提供了材料，有时还成为重要发明的契机。如谢格奈②就撰写过一篇关于陀螺的文章，一位英国船长还通过陀螺发明了在船上测量星星高度的镜子。

儿童喜爱能制造噪音的乐器，如鼓和号等。但这种行为并不好，因为会干扰其他人。但他们如能学会自己剪切管子制造吹奏乐器，却是比较好的事情。

荡秋千也是一项好活动，成年人也可以借此来强身健体，只是儿童需要看护，因为秋千的摇摆速度会非常快。放风筝也是有益无害的运动。它锻炼了孩子们的技巧，如果想让风筝飞得更高，就要根据风向进行调整。

儿童为了喜爱的游戏会废寝忘食，并渐渐学会放弃一些其他的甚至更多的东西。另外，他们由此习惯了持之以恒，但因

---

① 一种儿童游戏，类似于我国的"摸瞎子"。其中一人用围巾或布蒙上眼睛，其他人在他身边跑来跑去，叫他的名字或触碰他的身体，这个人能够抓到谁，谁就接替他的位置，蒙上眼睛，继续游戏。

② 谢格奈（Johann Andreas von Segner, 1704—1777），匈牙利科学家。

此游戏就不能仅仅是游戏，而必须是有意图、有目的的游戏。儿童越是通过这种方式来强健体魄，就越能避免宠溺所带来的不良后果。体操也应该只是引导天性，而不是刻意追求优美。首先开始进行的是规训，而不是教授知识。需要注意的是，要为社会来强健孩子们的体魄。卢梭说："之前若无顽童，之后便无智者。"一个活泼健康的孩子很容易成长为善良的人，而一个自以为是的孩子很难成为聪慧的人。儿童在社会中不仅不要惹人厌烦，更不要去阿谀奉承。对待别人的邀请，他要大方得体，不要强求勉强；要爽直坦率，不要冒失无礼。为此的教育方法是：人们不要惯坏他，不要灌输那些礼俗的概念，那只会让他忸怩害羞，或者走向另一面——哗众取宠。没有比儿童故作成熟的端庄稳重或自以为是的骄傲自大更可笑的了。在后一种情况下，我们要让孩子意识到自己的缺点，但不要让他感受到我们的权威和控制。这样，他虽然是自我完善的，但又仅仅是在社交中得到完善的。在这种交往中，世界对他来说足够大，但对别人来说也必须足够大。

在《项狄传》① 中，托比把一只一直搅扰他的苍蝇赶出窗外，并对它说："快走，你这讨厌的家伙，世界对你对我都足够大了。"每个人都可以将此作为自己的座右铭。我们不应该互相烦扰，世界对我们所有人来说都足够大了。

---

① 《项狄传》全名为《绅士特里斯舛·项狄的生平与见解》（*The Life and Opinions of Tristram Shandy, Gentleman*），是 18 世纪英国文学家劳伦斯·斯特恩（Laurence Sterne，1713—1768）的代表作之一。

 论 教 育

我们现在来谈心灵的培养,人们将它在一定程度上也算作保育。人们必须将自然和自由区分开来。自由法则与自然培养截然不同。但身体的自然与心灵的自然是一致的,即要从两个方面的塑造来防止儿童变坏,教育术在这两处都可以得到应用。因此,在某种意义上,人们可以将心灵的塑造像身体的塑造一样称为保育。

这种精神培养不同于道德塑造,后者与自由相关,前者只以自然为目的。一个人可能在保育上被很好地培养,精神上很有教养,但在道德上却没有受到好的培养,那么他还是一个坏人。

保育的培养与实践性的培养也必须区分开来。后者是实用的或道德的,是道德化的。

精神的保育培养分为自由的和学院性的。自由的培养和游戏一样,学院性的培养则郑重其事。自由的培养在学童时期要始终特别留心,而学院性的培养则被看作是强制性的。人们做游戏是悠闲消遣,人们被强制做事则被称为劳动。学院性的教育对孩子来说应该是劳动,而自由的教育则应是游戏。

人们拟就了不同的教育计划,以便探求最好的教育方法,这是值得称赏的。此外人们还想到,要让孩子如同在游戏中一样学习一切。利希滕贝格①在《哥廷根杂志》的一篇文章中批

---

① 利希滕贝格(Georg Christopher Lichtenberg,1742—1799)是18世纪下半叶德国的启蒙学者、物理学家、思想家、政论家。

评了这种一切皆游戏的妄想,认为儿童应该尽早地习惯于事务性工作,因为他们早晚要进入事务性生活。这两种做法的效果截然相反。儿童应该游戏,也应该休息,但也必须学习劳动。对技能的培养和对精神的培养一样都是有益的,但两种培养必须在不同的时间进行。无论如何,对于一个人来说,喜欢无所事事都是一个大灾难。人越是懒散,越难决心开始劳动。

在劳动中,活动本身并不舒服,但人们另有其他的目的。而游戏中的活动本身就是令人惬意的,此外别无目的。人们散步时,散步本身已是意图,行之愈远愈觉愉快。而如果我们去某地的社团或其他目的地,则愿意选择最短的路线。玩牌也是一样。我们看到,一群有理性的人居然能几个小时坐在一起玩牌,这实在很特别。由此可知,人们告别童年何其困难。这游戏难道比孩子的球类游戏高明吗?成年人不再骑在木棍上了,但他们骑在了别样的木马上。

儿童学会劳动,这最为重要。人类是唯一必须劳动的动物。人们必须做很多准备,才能维持生计。如果上天为我们准备好一切,以至于我们无须劳动,那么这样的上天是否更为慈爱?答案无疑是否定的。人们有工作的需求,包括那些带有强制性的工作。以为亚当和夏娃在伊甸园中从不劳动,只需坐在一起,唱田园牧歌,赏自然美景的设想,是错误的。如果不劳动,他们也会感到无聊,像其他人无所事事时所感到的痛苦一样。

 论 教 育

人必须这样被充实,他的内心忘我地被眼前的目标所充盈,对他来说,最好的休息就是劳动之后的休息。儿童必须习惯劳动。而学校是最能够培养劳动兴趣的地方。学校进行的是一种强制性的培养。让儿童习惯将一切都看作游戏是极其有害的。他们必须有时间休息,但也必须有时间劳动。即使儿童不能立刻发现这种强制性的很大益处,将来也会有所领悟。如果人们总乐于回答孩子"这是为什么?那是为什么?"这样的问题,就只会惯坏孩子的好奇心。教育必须是强制性的,但决不能是奴役性的。

关于内在能力的自由培养,则要注意,必须不断进行。它其实必须涉及各种高级能力,虽然低级能力也随之得到发掘,但那只是出于对高级能力的考虑。例如,对机智的培养只是为了更好地培养理解力。在这一点上的主要规则是,各种内在能力不能单独培养,而是必须彼此相系,共同培养。例如,对想象力的培养是为了发挥理解力的优势。

低级能力单独来讲没有价值。例如,一个人有很好的记忆力,但却没有判断力,那他只是一本活字典而已。但这种帕纳塞斯[①]的负重驴也很有必要,就算它自己毫无建树,起码还可以运输材料,让他人能够有所作为。——没有判断力的机智,只会导致哗众取宠。理解力是对普遍性的认识,判断力是将普

---

① 帕纳塞斯(Parnassus)是希腊神话中太阳神阿波罗与文艺女神缪斯所居之山,后引申为文艺上的神圣境界。

遍性运用于特殊。理性就是认识到普遍性与特殊性之间联系的能力。这种自由的培养自儿童时代开始，直至结束所有教育的青年时代。例如，当一个年轻人提到一条普遍的规则时，人们就可以让他列举出符合这条规则的历史典故和寓言传说，指出哪些诗人的诗句已经表达了这种规律，这就给了他一次练习智力和记忆力的机会。

"我们记住多少，就知道多少"（tantum scimus, quantum memoria tenemus）这句格言当然有其正确性，因此记忆力的培养非常必要。一切事物的掌握过程是：理解力跟随感性印象，记忆力则必须将这种印象保持住。例如，语言就是如此。人们既可以死记硬背，也可以在交往中学习，而后者是学习现行语言最好的学习方法。学习词语的确很有必要，但最好是将学生要学习的词语呈现于学生正在朗读的作品中。学生必须要有一定的课业量。学习地理也可以通过某种机械性方法。记忆力尤为偏爱这种机械性，且机械性方法在许多情况下屡试不爽。但它对于历史学却不适用，人们尝试用表格的方法学习，但似乎并未奏效。学习历史学的可靠方法是在判断力中锻炼理解力。记住很有必要，但单纯的运用毫无用处，例如靠记忆来学习演讲就是这样。记忆至多能让人胆大，而且背诵是成人的事。记忆只用于应付未来的考试或帮助想起一些已经遗忘的东西。记忆力只应该用于记住与我们息息相关的事情，或与现实生活相关的事情。儿童阅读小说是最有害的，因为除了眼前的消遣外

论 教 育

毫无用处。小说阅读会削弱记忆力，想要记住并复述小说内容是可笑的，因此不要让儿童接触小说。阅读小说，会让儿童自我虚构出新的情景和新的小说，坐在那里浮想联翩、心不在焉。

精神散漫是被禁止的，至少在学校里要被禁止，因为它会引发某种偏好和某些习惯。最优秀的天才也会因散漫而荒废。如果儿童只是在嬉戏时散漫，那么他还可以很快又集中注意力。但最常见的是，他在头脑中想着坏主意，又企图掩饰或变好，因此听讲时总是三心二意，答非所问，读书也不知所云。

记忆力必须尽早与理解力同时培养。

培养记忆力的方法有：（1）记住故事中的名字；（2）读和写，读要通过动脑来思考而非单纯拼读；（3）在孩子能够阅读之前，首先通过听来学习语言。有针对性地编纂而成的《世界图解》①就很不错，人们可以从采集植物、辨别矿物和描绘自然开始。为了记录这些情况，就需要学习绘画和模型，这又进一步要求会数学。最适宜的早期科学课程是地理学，包括数理地理学和物理地理学。通过铜版画和图片来讲解游记，引向政治地理学。从今日地表之状况回溯过去，从而学习古代的地

---

① 《世界图解》（Orbis Sensualium Pictus）又被译为《图画中见到的世界》，是由捷克教育家夸美纽斯（Jan Amos Komenský，1592—1670）撰写的儿童教科书，1658年出版于纽伦堡，为拉丁语与德语双语版，是世界上第一本有插画的教科书与儿童读物，绘者是德国插画家保罗·克罗伊茨贝格（Paul Kreutzberger）。

貌学和古代史学等。

知识与能力必须努力在教学中渐渐结合。在所有科学中，数学似乎是最能满足此最终目的的唯一学科。进一步，知识要与语言相结合（包括口若悬河、措辞优美、能言善辩）。但必须要让孩子把知识与纯粹的想法和信仰区分开来。这训练的是对"正确"的理解力，以及"正确"而非"精巧"或"纤弱"的鉴赏力。这首先是感性的鉴赏，即视觉鉴赏，但最终则是思想的鉴赏。

对理解力的培养要有规则。对规则进行抽象概括十分有益，这样理解力就不单单是机械性的，而是有了规则的意识。

同样有益的是，用公式来表达规则，并记住规则。这样即使我们忘记了如何运用方法，也能很快回忆起来。这里的问题在于，规则应该在运用前先被作为一个抽象概念提出，但在运用之后才学习到，还是应该与运用同步进行？只有后一种方法是值得推荐的。因为在前一种方法中，学会规则之前的那些运用都是不可靠的。规则可以是零散的，但也必须有所分类，因为规则若不彼此相联就无法记住。在学习语言的过程中，总是得先学习语法。

现在，我们必须就教育的总体目标及其实现方法，给出一个系统的看法。

1. 内在能力的一般培养与特殊培养是不同的。它与技巧和完善有关，是培养内在能力，而非教授知识。

（1）它可以是保育性的。这涉及训练和规训，而不需要认识准则。这种培养对于学童来说是被动的，学童必须服从他人的指导，他人会为他思考。

（2）它也可以是道德性的。这不是基于规训，而是基于准则。如果人们把它建立在案例、恫吓和惩罚的基础上，那一切都会被败坏了，它就成为一种纯粹的规训。人们必须重视，让儿童由于准则而行善，而非由于习惯。他不仅仅是单纯地行善而已，而是由于那是善行，所以行之。因为行为的全部道德价值在于善的准则。保育要与道德性教育区分开来，对于儿童来说，前者是被动性的，后者是主动性的。对于后者，义务的观念必须时时都是行为的原因和根源。

2. 内在能力的特殊培养。此处是指，对认识能力、感官能力、想象力、记忆力、注意力和智力等理解力中的低等能力的培养。

对感官能力的培养，例如视力，上文已经讲过。至于想象力的培养，需要注意的是，儿童的想象力异常强大，完全不需要再用童话来进一步拓展。相反，需要在规则之下对想象力加以约束，但也不要让想象力完全不发挥作用。

地图有些东西能吸引所有人，包括最小的孩子。当他们对其他事物感到厌烦时，仍能够在地图上学习一些东西。这对孩子是很好的娱乐，此时，他们的想象力不会随意发挥，而会按照一定的图形进行。人们的确可以从一开始就教授孩子地理知识,并将之与动物、植物的图片相结合,以使地理学变得生动。而历史学则要稍晚些再进行。

就注意力而言,需要注意的是,注意力必须得到普遍的强化。如果我们的思维呆板地固定在一个客体上,不但不是天赋,反而是内在感官的一种欠缺,因为它在某一方面过于僵硬,不能随兴趣而转移。分心是所有教育的大敌。记忆力则以专注为基础。

高层次的理解力,则涉及对理解力、判断力和理性的培养。培养理解力可以一开始通过给出规则的例子来被动地培养,或反其道而行之,即给出个别情况,总结出规则。判断力则是指如何运用理解力。它要求理解所学和所说的东西,而不是毫不理解地复述。有一些人读到或听到些什么,包括图片和事物,就会不加理解地相信。

人们通过理性可以看清楚原因。但要考虑到,这里谈到的理性还是被引导的理性。这种被引导的理性必然不会一直向前回溯原因,也不会预先去探寻那些超越其本身的概念。在这里它还不是思辨理性,而是对所发生事情的前因后果的反思,是一种在管理与安排中的实用理性。

培养内在能力的最好方法是,让人们做他们想做到的事情。例如,马上运用学过的语法规则。人们若能自己绘制地图,则能最好地理解地图。制作是内在能力最好的助手,这样人们学习深刻,记忆牢固。但能够做到的人凤毛麟角,他们被

 论 教 育

称为"自主学习者"(αυτοδιδακτοι)①。

对理性的培养要以苏格拉底的方式进行。他将自己称为听众知识的助产士。在柏拉图所保存下来的对话录中,苏格拉底例举了人们如何在老者的帮助下,从自己的理性中产生了认识。在很多事情上,儿童无需使用理性。他们不必对一切都进行理性分析。对于能够促进好的教育的东西,他们不用寻根探源。但如果涉及义务,则要让他们知道原因所在。人们还必须要注意,理性知识不是从外部灌输的,而是从内部获得的。苏格拉底的方法在问答中树立了规则,这个过程有点缓慢,而且让一个人能从其内部获得知识并让其他人也受益,这十分困难。机械问答在一些科学中很有益处,例如天启宗教要用宣讲的方式,而对于一般的宗教来说,则必须用苏格拉底式的方法。由此可见,那些需要从历史中学习的知识,最推荐使用机械问答的方式。

这里还包括对欢愉与痛苦的感觉的塑造。它必须是否定性的,以使情感本身不要被娇惯。好逸恶劳对于人们来说是万恶之首,因此,让孩子们从小学习劳动尤为重要。只要未被娇惯,孩子们都喜欢辛勤劳动的娱乐与耗费体力的忙碌。对于饮食,不要让孩子们偏食或挑食,而母亲往往溺爱和彻底惯坏他们。但是人们发现,孩子们尤其是男孩子,爱父亲胜过爱母

---

① 指通过观察、实验、实践或阅读独立获得知识或技能的人。这个概念源于德国哲学家莱布尼茨的自述,他说:"我几乎完全是自主学习的人。"

亲。这是因为母亲担心他们受到伤害，不让他们乱跳乱跑。而父亲虽然会在他们不听话时打骂他们，却带他们去田野，让他们快活地奔跑和游戏，享受欢乐——像孩子该做的那样。

人们认为，让孩子们长久地等待会锻炼他们的耐心。其实这毫无必要。他们只需在生病时忍耐。耐心有双重含义，或是指放弃了所有的希望，或是指重拾勇气。若人的希望尚有实现的可能，那么前者则毫无必要，而后者则在追求正确之物时才需要。在病中，绝望会加重病情，而勇气能让病情好转。一个人如果能够懂得勇气对身体与道德状况的影响，他就不会放弃希望。

人们不能把儿童变得胆怯。孩子在受到责备时，常常会感到丢脸，由此而变得胆怯。尤其是当父母怒斥"呸，真丢人！"时，我们完全看不出，他们只是咬手指之类的举动有何丢人之处。人们可以对他们说"不要这样，这不礼貌"，但决不能对他们喊"呸，真丢人！"，除非说了谎。自然给了人以羞耻感，人一旦说谎，就会暴露出来。因此，在孩子没有说谎的情况下，父母不要喋喋不休地骂孩子丢人，这样才能使羞耻感终生与说谎相关。否则，若他们被不停地辱骂，就会变得胆怯且日后无法改变。

如前所述，儿童的意志也不能被损害，只能让他们以屈服于自然阻力的方式被驾驭。最初，孩子当然要不假思索地服从。若他们通过哭喊来发号施令，让强者服从弱者，那不是自然之道。因此，从小开始，人们就不要纵容孩子肆意哭喊并任性强求。但父母们常常忽略这一点，并希望通过日后拒绝孩子的一切要求来纠正这个问题。而如果单单为了约束孩子并建立父母的权威，不分青红皂白地回绝他们所有的要求，那就适得其反了。

如果人们一味满足孩子的要求，孩子就会被宠坏。但若总是违逆孩子的意志和愿望，孩子就会受到错误的教育。前一种情况往往是因为父母把孩子当成玩具，尤其是当他们刚开始学说话的时候。但溺爱会给他们的整个人生带来很大的伤害。而在违逆孩子意志的时候，人们还阻止孩子表现出不满，但不满是必然会发生的，并会因此更多地积聚在孩子的心中，他们还没有学会此时应有的表达方式。因此，人们在孩子幼小时应该重视的准则是：当孩子哭闹时，如果是由于受到了伤害，则要过去帮他们；而若仅仅是由于不满而哭闹，便要对他们置之不理，并且此后还要坚持贯彻。孩子在这种状况下受到的阻力是自然的，其实也是否定的，因为人们只是没有迁就他们。相反，一些孩子通过央求，来使父母满足他们的任何要求。如果人们让他们通过哭闹而达此目的，他们就会变得狡猾；若是让他们通过央求才能得到一切，他们则会变得软弱。因此，如果没有反对的理由，就要满足他们的要求；如果有反对的理由，则无论再多的请求，也不要去满足，一个拒绝的回答是不容收回的。另外不要经常拒绝孩子的要求，这样才会产生最好的效果。

假设在极少数的情况下，孩子天生固执，那么最好的方式是，他们不与人方便，我们也不与他们方便——损害意志会导致奴性的思维方式，自然的阻力才会产生顺从。

道德培养必须以准则而非规训为基础。后者防止恶习，而前者塑造思维方式。人们要重视，让孩子们习惯按准则而非某种欲求来行动。通过规训只能保留一种习惯，且这种习惯会随年龄的增长而消失。孩子应学会按准则来行动，并且自己也认识到这些准则的正当性。人们很容易发现，这一点在孩子那里很难做到，因此，道德培养要求父母与老师在这方面有丰富的认识。

如果孩子说谎，不要惩罚他们，而要让他们受到鄙视，并告诉他们，今后人们将不再相信他们。若孩子做了坏事就受到惩罚，做了好事就得到奖赏，那么他们就会为了得到好处而做好事。当他们之后进入一个不一样的世界，即一个做好事无奖赏、做坏事无惩罚的世界时，他们就会变得只关心自己的前程，而行善作恶只取决于怎么做对他们最有益。

准则必须产生于人自身。在道德培养中，人们要尽早地教给孩子善与恶的概念。如果想要树立道德，那么就要杜绝惩罚。道德是神圣而崇高的，人们不能把它放在和规训一样的等级上。道德教育要努力确立一种品性。品性是只按照准则行动的能力。一开始是学校的准则，后来是人类的准则。一开始孩

 论 教 育

子听命于法则，准则也是法则，但却是主观的，它源于人自己的理解力。违反校规必须受到惩罚，但惩罚必须与违规行为相匹配。

若要确立孩子的品性，关键是要让他们注意到万事万物都有必须遵循的计划和法则。人们必须给他们规定睡觉、劳动和娱乐的时间，不能延长或缩短。对于无关紧要的小事，可以让孩子自行选择，但一旦定下规则，之后就必须遵守。——但在孩子身上，要塑造的不是公民的品性，而是孩子的品性。

没有规则的人是不可信的。人们往往无法了解他们，也不知道如何与他们相处。虽然人们经常批评循规蹈矩的人，比如作息严格的人，但这种批评往往是不恰当的。这种精确性虽然看似近乎刻板，却是品性使然。

孩子的品性，特别是学生的品性，最重要的是服从，这是培养儿童品性的第一个要点。这种服从是双重的。一种是服从于绝对意志，另一种是服从于领导者理性的与善的意志。服从可以源于强制性，它是绝对的；或是源于信任，它属于另外一种服从。这种自愿的服从非常重要。但前者也极其必要，它为孩子将来作为公民遵守法则做了准备，即使这些法则令他不快。

因此，儿童必须处在某种必要的法则之下。这种法则必须具有普遍性，这在学校里尤为重要。老师不要表现出对某个孩子的偏爱和优待，否则法则就失去了普遍性。一旦孩子发现并

不是所有的人都要听命于同一法则，就会变得叛逆。

人们常说，教授孩子的方式要符合他的兴趣。在有些情况下，这当然很好。但很多东西应该作为义务来进行规定，这将使孩子终身受益。因为如交纳公共税款、完成工作任务等很多情况对于我们来说是义务，而非爱好。如果孩子尚未认识到义务，那么最好让他们先能认识到一些儿童的义务。认识成人的义务则要更为困难。如果随着年龄的增长他们能认识到这种义务，就会完全遵从。

儿童对禁令的违反是对服从的缺失，并使自己遭到惩罚。即使是不小心违反了禁令，惩罚也是必要的。惩罚或是身体上的，或是道德上的。

道德上的惩罚是指违背一个人想受到尊重和被人喜爱的心理倾向，这种倾向是道德的辅助手段。道德上的惩罚就是针对这种心理倾向的，比如，用冷漠和冰冷的态度对待一个孩子，使他感到羞耻。这种心理倾向必须要尽可能多地得到维持。由于这种惩罚对道德有所助益，因此这种惩罚方式是最好的。例如，当孩子说谎时，给他鄙视的目光就足够了，这是最合目的性的惩罚。

身体上的惩罚分为拒绝要求和施加惩罚两种。第一种方式与道德性惩罚相似，是否定性的。对体罚则要谨慎实施，不要养成奴性（indoles servilis）。给儿童报酬也是不恰当的，他们会由此变得自私，产生唯利是图的品性（indoles mercenaria）。

论 教 育

此外,服从又分为儿童的服从和青春期的服从。违反就会受到惩罚。这种惩罚可以是自然性惩罚,即通过自己的行为所招致的惩罚。例如,孩子吃得太多就会生病。这是最合适的惩罚。因为人的一生都会有此经历,而非仅仅在儿童时代。惩罚也可以是人为的。孩子们都想受到重视和被人喜爱,这让管教可以持续地、稳定地进行。身体上的惩罚只能作为道德性惩罚的补充。当道德性惩罚不再起作用时,人们可以进一步实施身体上的惩罚,但靠此不能培养优秀的品性。不过最初只能靠身体上的强制来替代儿童思考的缺失。

实施带有愤怒特点的惩罚会产生不良的效果。孩子只看到了结果,只将自己看成别人发泄情绪的对象。一般来说,对孩子的惩罚要谨慎,要让孩子知道,惩罚的最终目标只是推动他的改善。让受惩罚的孩子感谢惩罚者并亲吻其双手等做法是愚蠢的,而且这样会培养出孩子的奴性。如果经常对孩子进行身体上的惩罚,那么就会造就顽固的头脑。如果父母常常因为孩子的固执而施以惩罚,孩子就会变得更加固执。——固执的人并不总是充满敌意的,他们往往会对和蔼的劝导让步。

青春期的服从和儿童的服从不同,它是对义务的规则的服从。出于义务而做某事,也就是说,要听从于理性。对儿童谈义务是徒劳的,至多他们会将义务看成一旦违背便会挨打的东西。儿童只能为纯粹的本能所引导,一旦长大,他们便要接触义务的观念。羞耻的观念也不适用于儿童,而要等到青春期才

适用。因为只有荣誉观念已经植根于内心了，羞耻的观念才会有效。

培养儿童品性的第二个要点是诚实，它是品性的基础和本质。说谎之人毫无品性可言，他身上的一些优点仅仅是源于先天的禀性。有些孩子喜欢说谎，这是源于他们活跃的想象力。让孩子改掉说谎之习，是父亲的责任，因为母亲常常不以为然或认为无关紧要，她们常常陶醉于孩子出色的天赋和能力中。这里正是羞耻观念的用武之地，因为儿童已经能够理解它了。说谎之时，赧颜会暴露我们，但这并非说谎的证据。如果别人将责任推诿给我们，我们也会为这个人的无耻而面红耳赤。在任何情况下都不要试图用惩罚来强迫孩子诚实，因为谎言的后果会不请自来，这便是他所受的惩罚。受人轻视是对说谎者唯一一种合目的性的惩罚。

惩罚还要分为消极的和积极的，消极的惩罚针对懒惰和无礼，如说谎、不听话、吵架。而积极的惩罚则针对恶意的不满。但首先人们要避免对孩子怀恨在心。

培养儿童品性的第三个要点应该是合群。他们必须能和他人保持友谊，而非总是独来独往。虽然有些教师在学校里反对如此，但这毫无道理。孩子们应该准备好去享受生活中最甜美的东西。教师不应按照才华而应根据品性来称赞某个孩子，否则孩子们就会互相嫉妒。这种嫉妒不利于友谊。

孩子还应该性格开朗，目光明亮如骄阳。只有快乐的心灵

论 教 育

才能够在善良中感受愉悦。让人死气沉沉的宗教是错误的,因为人应该以快乐之心而非被迫地服务于上帝。快乐的心灵不要总置于学校的严规戒律之下,否则它很快就会被压制。只有自由才能使它恢复。有一些享受自由的游戏对此有益,在这些游戏中,孩子们获得了自由,还会力争超过别人。这样的游戏可以帮助孩子重新变得开朗起来。

很多人认为,童年是一生中最美好、最惬意的时光。但事实并非如此。它是最痛苦的岁月,因为孩子常常处于管教之下,很难有真正的朋友与自由。正如贺拉斯[①]曾说:"小家伙已承受和付出了很多,既流汗又受冻。(Multa tulit, fecitque puer, sudavit et alsit.)"

教给儿童的知识应与其年龄相称。一些父母为孩子很小就能说会道而沾沾自喜,但这些孩子长大后往往一事无成。一个孩子的聪颖必须是孩子式的,而不是盲目的模仿。如果一个孩子满口早熟的仁义道德,那就完全超越了他年龄的限定,只是鹦鹉学舌而已。他只应具有儿童的理解力,而不要过早地崭露头角。这样的孩子无法成为有见识、有理性的人。同样令人难以忍受的是,孩子要与大人一样赶时髦,例如要做美发,穿缩口衫,甚至随身携带烟盒,由此产生的这种矫揉造作之态不适

---

① 贺拉斯(Quintus Horatius Flaccus,公元前65年—公元前8年),古罗马著名诗人、批评家、翻译家,代表作有《诗艺》等。

合儿童。文明社会对他来说是一种重负，阳刚之气也会最终消失殆尽。因此，人们必须尽早遏制他的虚荣心，或者更准确地说，不要诱使他变得虚荣。如果从小就总在他面前说，他多么漂亮，穿上这件或那件华丽的衣服是多么迷人，并将这些华丽衣物作为嘉奖许诺并给予他，就会引发他的虚荣心。华丽衣物并不适宜儿童。儿童必须将干净但是朴素的衣服作为生活的必需品。父母也不要重视穿着打扮，不要总照镜子，因为像其他方面一样，榜样具有无穷的力量，它可以加强或者破坏好的教导。

 论 教 育

> 在教育中,一切的基础在于,在每个方面建立正确的根基,并让儿童可以理解和接受。他们必须学会,用对丑恶和愚蠢的厌恶替代仇恨,……用自重和自尊替代他人意见,用行动与行为的内在价值替代语言与情绪,用理解力替代感觉……

关于实践性教育

属于实践性教育的有:(1)技能;(2)善于处事;(3)道德。关于技能,需要注意的是,这种技能必须是精深的,而非粗浅的。即人们不要流于表面,似懂非懂。精深先是产生于技能之中,并逐渐成为人们思维方式的习惯。可以说,追求精深是一个人品性的根基,而技能属于才干。

善于处事则是将技能带入人际关系。也就是说,如何让他人为己所用。为此,各种能力都很要要。实际上,它在人身上出现得最晚,但就价值来说,它可以排在第二位。

如果一个孩子想要变得精于世故,他就必然会掩饰自己,让别人看不透自己,自己却可以洞察他人。他必须考虑在品性方面掩饰自我。外在形象的技能是礼仪,人们必须掌握这一技能。洞察他人则很困难,但懂得这种技巧非常必要,反过来又要使自己免于被他人看透。这种技巧包括遮掩,即不让缺点暴露出来并矜持地维护着自己的外在形象。遮掩并非一定是虚

伪，因此有时是被允许的。但它与伪装相去不远。掩盖是一种迫不得已的手段。善于处事要求人不可轻易动怒，但也不能漫不经心。人不能暴躁，但应该勇敢。勇敢不同于暴躁，勇敢的人拥有意志力。这属于对冲动的节制。善于处事是对性情的培养。

道德是对品性的培养。"忍耐和克制"（sustine et abstine）为智慧的中庸做好了准备。如果人们想塑造好的品性，那么首先要涤除狂热。不要把爱好变为狂热，而要学会承受被拒绝后的匮乏。忍耐（sustine）意味着忍受和习惯容忍。

要想学会忍受匮乏，人们需要具有勇气与热情，并且必须习惯拒绝和阻碍。

属于性情方面的还包括同情心。但儿童必须防止多愁善感。多愁善感事实上是一种敏感，它只与敏感的品性相一致。它不同于同情，是对某事单纯叹息的悲伤。人们可以给孩子一些零用钱，以使他们能够行善于穷困者，这便可以看出他们是否有同情心。但如果他们总是大手大脚花父母的钱，那就不适用了。

"欲速则不达"（festina lente[①]）这句谚语指的是一个持久的行为，人们必须快速学习很多知识，这便是快（festina）；但人们还必须寻根探源，并在每次探寻之中花费时间，这便是

[①] 这是拉丁语中的一句谚语和矛盾语，意为"快了反而慢"。奥古斯都（Augustus）、提图斯（Titus）等人曾将这句谚语作为座右铭。

慢（lente）。现在的问题是，在广博的知识面和少量但精深的知识中，哪个更优先？和广博但粗浅相比，还是少量但精深的知识更好些，因为人们最终会发觉前者的肤浅。但儿童并不知道在哪些情况下运用哪种知识，所以最好先学习一些基础的东西，否则便会用其粗浅的知识欺世盗名。

最后是品性的确立，即坚定的决心与实际的行动。贺拉斯所说的坚定不移之人（Vir propositi tenax），便是具有优秀品性之人。例如，如果我对某人做出了承诺，就必须坚守，即使会给我带来伤害。因为一个人如果计划做某事却不付诸行动，那么他自己都无法再相信自己。例如，某人打算早起，以便可以学习、做事或散步，但春天自己借口说早上太冷，夏天又觉得适合睡觉，睡觉让他十分惬意，于是他早起的计划日复一日地向后推迟，最后自己也不再相信自己。

与道德相悖的东西，要从这样的计划中去除掉。一个恶人的品性是糟糕的，即使他有坚定的决心并贯彻到底，那也只能叫顽固。虽然这也令人欣赏，但若能在善事上如此就更好了。

对于那种将自己的计划一再拖延不肯实施的人，评价不能太高。所谓"来日改邪归正"就是这种情况。一个长期沾染恶习的人想瞬间变好，是不可能发生的奇迹，他不可能一下子变成一个毕生勤奋且思想正派的人。因此，也不要指望朝圣、苦行、斋戒，因为无法看出这些行为如何能把一个恶习缠身的人变成一个高尚者。

一个人白天斋戒而晚上享乐，或是身体经历了对心灵毫无贡献的苦行，就能变得正派并让行为有所改善吗？

为了培养儿童的道德品质，我们必须注意以下事项。

尽可能多地通过榜样和规定教给儿童必须履行的义务。与儿童相关的义务都是针对自身或他人的习惯性义务。这些义务必须从事物的本性中引发出来。我们须注意以下几点。

（1）针对自身的义务。这些义务不是指衣着华丽、膳食丰盛，尽管一切都必须洁净；也不是指尽量满足欲望和爱好，相反，人们对此还要有所把握和节制。这些义务是指人在内心要有某种尊严，这种尊严使他在一切被造物面前显得高贵。他的义务便是，这种人性的尊严在自己的身上没有泯灭。

如果做下禽兽不如的事情，如酗酒，犯下变态的罪行，无节制地干各种坏事，我们就否认了人性的尊严。此外，如果一个人对他人卑躬屈膝，总是阿谀谄媚，以厚颜无耻之行为讨好别人，那同样有悖于人性的尊严。

要让儿童意识到他身上所具有的人性的尊严，例如，不洁至少是人性的不雅。由于儿童已经能够思考和向别人倾诉自己的想法，那么就人性的尊严来说，他们如果说谎就会贬低自身。说谎使人成为被普遍鄙视的对象，失去人人应有的尊重与信任。

（2）针对他人的义务。儿童从小便要懂得敬畏和尊重他人的权利，并付诸行动。例如，如果孩子遇到一个穷孩子，傲

论 教 育

慢地将其推开，或由于被碰到而殴打对方，这时，人们不必对他说"不要这样做，把别人弄疼了，要有同情心，他是个穷孩子"等等，而要让他遭受同样的傲慢与感受，因为他的行为有悖于人性的权利。儿童原本并不慷慨，这一点由此例便可看出。例如，如果父母命令孩子将自己的黄油面包分给别人一半，而之后无法索取对等的回报，那么孩子要么干脆不干，要么不情不愿地偶一为之。人们本来也不能过多地对儿童宣扬慷慨，因为他们还一无所有。

许多人都忽略或错解了道德中针对自身义务的方面，如克鲁格特①就是这样。如前所述，针对自身的义务是指要在自己的人格中保持人性的尊严。当他眼中有人性的理念时，他就会进行自我批评和反思。在他的理念中有一个原型，可以与自我进行比较。当年龄渐长，人开始对性产生兴趣，而这是一个只有人性尊严才能够约束他的关键时刻。但人们要尽早告诉儿童，如何在各种诱惑面前把持自己。

我们的学校普遍缺少将儿童培养为正派人的东西，即正义行为的问答手册。它必须包含在日常生活中普遍发生的各种情况，在这些情况下，人们总会与是非对错的问题不期而遇。例如，某人今天应该向他的债主偿还债务，他却将此款捐助给了一个令他同情的穷人，那么，这是不是正当的？不是正当的！

---

① 克鲁格特（Martin Crugot，1725—1790），德国新教神职人员。他曾在其著作《布道》中提出："要以基督的道德为榜样，对自己的道德或义务进行调整。"

因为当我想行善时，我必须是自由的。救济贫困，行为可嘉；而偿还债务，则是应尽之责。此外，是否允许迫不得已的谎言？不允许！没有任何一种可作借口的情况，至少在儿童面前如此，否则，孩子们会把任何小事都视为迫不得已，于是就可以频繁说谎。如果现在有这么一本书，人们能通过每天一小时的阅读就受益良多，让孩子们认识和铭记人的权利，那么这便是上帝撒向人间的珍宝。

行善的义务是不完全义务。人们不要让孩子心地软弱，总为他人的命运感伤，而要让他们变得坚强。他们的心灵不应被感情所充溢，而应充满义务的观念。有人的确铁石心肠，那是因为他们以前曾常常因同情而被骗。想让儿童理解"行为可嘉"的含义是徒劳的。牧师的错误在于，常常将行善看作值得赞扬的。对穷人行善，不要认为我们是看在上帝的面上尽了本分，其实我们只是尽了自己应尽的义务。因为人们的贫富不均只是源于偶然的因素。如果我们拥有某种财富，那要感念自己或先人抓住了某些机遇，而对社会整体则要始终保持关注，因为万变不离其宗。

如果让孩子们按照别人的价值来评价自己，就会引发嫉妒。他们应按理性的观念来评价自己，因此谦卑只是将自己的价值与道德的完满性进行比较。例如，基督教不教人谦卑，而是令人谦卑，因为人必然会按照教义将自身与最高的典范相比较。通过在别人面前自惭形秽来树立谦卑，是非常错误的。

 论 教 育

"看着,某某孩子是怎样做的!"这类训斥只会带来非常鄙俗的思维方式,如果一个人以他人的价值来衡量自己,那么他或是抬高自己,让自己跃居人上,或是贬低他人价值。若是后者,那便是嫉妒。之后会总是试图幻想让他人消失,因为若是没有他,则无从比较,自己也就是最好的了。这种有害的攀比思想只能引起嫉妒。攀比心理只对一种情况有利,即让一个人相信一件事情的可行性。例如,要求一个孩子完成一定的学习任务,并告诉他,别人可以完成。

绝不要让孩子羞辱他人。要尽量避免建立在幸运、优越之上的一切自豪。同时要努力地在孩子中形成坦率的风气——这是一种对自身谦虚的自信。由此,人可以恰当地展现自己的所有才能。但这要与狂妄区分开来,狂妄是指对他人的评价漠不关心。

人的一切欲求或是形式的(自由与能力),或是物质的(关于一个客体),即追求幻想或享受,或者最后只是追求作为幸福因素的二者的延续。

第一类欲求包括追求名誉的欲望、权力欲和占有欲。第二类包括对性(肉欲)、物质(富裕)和社交(娱乐趣味)的享受。第三类是指对生命、健康和安逸(未来无忧)的喜爱。

恶习则分为恶毒、卑鄙和狭隘。属于第一类的有嫉妒、忘恩负义和幸灾乐祸。属于第二类的有不公、不诚(欺诈)、无耻以及对财物的挥霍、对健康的放纵(无节制)和对尊严的

践踏。第三类则有无情、吝啬和懒散（懦弱）。

美德分为功劳型、单纯尽责型和无害型。第一类包括高尚（对报复、安逸和贪婪的自我克制）、行善和克己。属于第二类的有正直、正派与和蔼。属于第三类的是诚实、庄重和知足。

人性本善还是本恶？二者皆不是。因为从本性来说，人并不是道德存在者。只有当理性能提升至义务和法则的概念时，人才能变为道德存在者。然而，人们可以说，由于爱好和本能的驱使，人的内心有对一切恶习的原始冲动，尽管理性同时在向反方向推动。人只有通过源于自我克制的美德才能在道德上变成善的，尽管原本若无诱惑，人可以是纯真的。

恶习之所以会产生，往往是因为道德行为压抑天性。而作为人，我们的使命就是要摆脱动物的粗野天性。完美的人为状态又将成为我们的天性。

在教育中，一切的基础在于，在每个方面建立正确的根基，并让儿童可以理解和接受。他们必须学会，用对丑恶和愚蠢的厌恶替代仇恨，用内心的憎恶替代外在的对他人与上帝的惩罚的恐惧，用自重和自尊替代他人的意见，用行动与行为的内在价值替代语言与情绪，用理解力替代感觉，用情绪的欢乐与虔敬替代忧郁的、恐惧的和晦暗的祈祷。

但最重要的是，人们还要注意，不要让儿童过于看重幸运。

 **论教育**

关于儿童的宗教教育，首先要提出的问题是：尽早地教授儿童宗教概念是否合适？教育学对此颇有争论。宗教概念总以某些神学为前提。对于对世界与自身尚不甚了解的青少年，应该教授他们神学吗？对自身义务尚认识不明的青少年，能够理解对上帝的直接义务吗？可以肯定，适合的做法是，让儿童从未见到过拜神的活动，甚至没有听说过上帝的名字，他们按照万物的秩序去发现目的和人的恰当行为，磨砺他们的评判力，教授他们自然造化的秩序和美，之后再补充宇宙建构的扩展知识，从而开启最高存在者与最高立法者的概念。但就目前的状况来说，这是不可能的，因为如果他们已经听说了上帝的名字，看到了所谓的礼拜，之后才学到有关上帝的知识，则会使他们或是对上帝毫无感觉，或是产生错误的概念，如恐惧上帝的力量。令人担心的是，这些错误的概念会在儿童的想象中扎根。为了避免这种情况，人们就必须争取早些教给他们宗教概念。这种教授不是死记硬背，不是一味效仿和像猴子那样对人进行模仿，而是必须选择符合自然的途径进行。儿童即便没有有关义务、责任，以及行善作恶的抽象概念，也将认识到存在着一种义务法则，即不是舒适感和有用性决定着他们的行为，而是某种普遍性，这种普遍性并不以人的情绪为转移。教师自己必须首先具有这种观念。

人们必须首先将万物归因于自然，之后又将自然归因于上帝。例如，首先一切都是为了物种的保存及物种间的平衡而被安排，但是进而又都同时是为了造福于人。

上帝的概念最好可以先与养育我们的父亲相类比进行说明，这样更有利于让人们感受到亲如一家。

什么是宗教？宗教是我们心中的、由高于我们的立法者和法官颁布的法则。它是一种被用于认识上帝的道德。如果宗教不与道德观念相联系，则成为单纯的祈福。颂赞、祈祷、去教堂这些行为只能给予人们自我改善的新力量和新勇气，或是受义务观念影响而感到内心的振奋。它们只是善行的准备，而非善行本身。人们只能通过自身的改善来为上帝效劳，别无他途。

人们必须首先从儿童自身所具有的法则开始。一个作恶的人本身就是可鄙的。这种观念植根于其内心之中，并非因为上帝禁止作恶。立法者并不一定是法则的原创者。一个侯爵可以禁止领地上的偷盗，但他并不能被称为偷盗禁令的原创者。由此人们可以看出，只有善行才勘配福祉。上帝法则必须显现为自然法则，因为法则不能是随意的。因此，宗教属于道德。

然而，人们不能从神学开始。单纯建立在神学基础上的宗教不会包含任何道德性的东西。因为人们会一方面产生恐惧，另一方面有获得报偿的打算和想法。这只是一种迷信活动。道德观念必须在先，神学紧随其后，这才能被称为宗教。

我们内心的法则被称为良知。良知其实就是行为对法则的运用。如果我们不把良知看成上帝的代表，其审判席不仅高高在我们之上，同时也在我们内心之中，那么良知的谴责就不会发生作用。如果宗教不与道德良知相结合，那么宗教就会毫无作用。没有道德良知的宗教只是一种迷信的礼拜。人们想为上帝效劳，例如赞美上帝，颂扬其力量与智慧，却不曾想过要贯彻其法则，不曾认识和探究其力量与智慧。这种赞颂是这些人良知的鸦片，也是良知可以安睡的温床。

儿童无法掌握所有的宗教概念，但有一些是必须要教给他们的，只是否定性的要多于肯定性的——让儿童诵读教条毫无益处且会对虔诚产生错误认知。对上帝真正的崇拜在于按照上帝的意志行动，这是人们必须要教给儿童的。人们还要注意，在儿童那里和在自己身上，不要滥用上帝的名字。即使为了祈福，即便是出于虔诚的目的，使用上帝的名字都是一种滥用。上帝的概念应该让人们在每次说出他的名字时，都充满敬畏之情，因此不要轻易使用上帝的名字。儿童要学习敬畏上帝，应首先将其作为生命和宇宙的主宰者，进一步地作为人类的照料者，最后作为人类的法官。据说，牛顿在说出上帝的名字之前，总要先停顿和思考一会儿。

通过对上帝和义务概念的统一阐释，儿童学会了更好地尊重上帝对万物的护佑，并由此避免了破坏和残忍的倾向——这经常表现为对小动物的折磨。同时，人们也应该教导青少年，要在恶中发现善。例如，食肉动物和昆虫是整洁和勤奋的典范；恶人引发了法律的产业；捕食蠕虫的鸟儿是园林的保护者；等等。

人们必须教给儿童关于最高存在者的一些概念，以便他们看到别人祈祷时，知道是在向谁祷告，以及为什么祷告。这些概念必须为数不多，且如前所述是否定性的。人们必须尽早地教授这些知识，但要注意，不要按照自己的宗教教规来评判他人。因为尽管宗教有千差万别，却都殊途同归。

最后，我们想讲一讲在孩子刚刚步入青春期时应注意的几点。青春期的开始，以看出前所未觉的差异为起点。首先是性的差异。这个问题被天然地罩上了神秘的面纱，仿佛此事有伤体面，仅关乎人身体里动物性的需求。但此事又天然地试图与种种可能的道德观念相关联，即使是野蛮民族也表现出某种羞赧和矜持。儿童偶尔会好奇地提出例如他们是从哪里来的这类问题，但他们容易满足于大人毫无意义的荒诞答案，或者被大人用"这是幼稚的问题"等说法搪塞。

年轻人性欲的发展是自动的，它像一切本能一样自行发展，即便没有一个针对的对象。让年轻人在无知和纯洁中与之绝缘是不可能的。沉默只能招致更大的麻烦，这从我们前辈的教育中就可以看出来。在新时期的教育里，人们正确地认识到，必须毫不掩饰、清楚明晰地与年轻人谈论此话题。这的确是一个敏感的话题，因为人们不乐意将它看作一个公共话题。

但只要人们非常严肃地就此进行谈论,并理解他们的倾向,则能收到好的效果。

十三四岁通常是一个时间点,此时年轻人开始有了性欲(如果孩子过早如此,那一定是受了引诱或坏榜样的影响)。此时,他的判断力已经得到培养,自然天性方面也做好了谈论此事的准备。

自慰的性快感最能损害人的精神以及肉体,因为这种行为有悖于人的天性。但对此事也不要避而不谈,而是要向年轻人阐明其丑恶,告诉他们,这种行为无益于后代的繁衍,反而会极大地伤害他们的身体力量,会导致早衰,精神受到损害,等等。

人们可以通过持久的劳作、缩短非必需的卧床和睡觉时间来避免这种欲望。这种念头必须通过劳动从头脑中消除掉,因为即使对象只存在于纯粹的幻想之中,也会蚕食其生命力。将性欲集中在异性身上,总会遇到一些阻力,而如果集中在自己身上,则每时每刻都能得到满足。自慰对身体十分有害,在道德方面的后果更为严重。人逾越了自然的界限,由于没有得到真正的满足,欲望会无止境地膨胀。负责青春期教育的教师提出这样的问题:是否应该允许年轻人同异性交往?若二者必择其一,这显然要优于前者。因为前者有悖于自然,而后者则不然。一旦成年,自然便会要求他成为一个男人并繁衍后代;但在文明国家里,人们的必然需求却导致此时无法养育孩子,否则就犯了有悖于公民秩序的错误。年轻人等到可以正式结婚的年龄再如此是最好的情况，也是他的义务。在这种情况下，他的行为就不仅符合好人的标准，而且符合好公民的标准。

年轻人要尽早学会给予异性诚恳的尊重，同时通过端正的行为赢得异性的尊重，以此来追求幸福婚姻的美好价值。

年轻人在步入社会时才开始有的第二个区分，是对于等级差异和人类不平等的认识。人们不要让儿童注意这些，不要允许他们使唤仆人。如果他们看到父母吩咐仆人，就可以对他们讲："我们给他们面包，为此他们听从于我们；你没有给，因此他们不必听从于你。"只要父母不把这种想法教给孩子，他们就对此一无所知。对于年轻人，则要让他们知道，由于人总要力图保持相对于别人的优越性，因此产生了不平等的组织形式。但是在这个不平等的公民社会中，人人平等的思想要逐渐教给他们。

人们必须让年轻人学会，不是按照他人的标准，而是完全按照自己的标准来评价自己。在不构成人之价值的方面去羡慕他人，只是虚荣。此外，必须要求他们在一切事务上都要仔细认真，不要装模作样，而要力求真能做到。要让他们注意，不在任何事情上让深思熟虑的决定变成纸上谈兵——那还不如不做决定，在存疑时先搁置此事。要让他们在生活上甘于箪食瓢饮；在工作中能够任劳任怨，吃苦耐劳，清心寡欲；还要让他们享乐有度。如果一个人不只渴望享乐，还愿意勤奋工作，他

 论 教 育

就会成为共同体中的有用成员，而且避免了自己的百无聊赖。

此外，还要让年轻人保持愉快的心情与良好的情绪。心灵的愉悦源于无所愧疚及其带来的平和心绪。人们可以通过做愉快的社会生活的参与者，来训练自己达到这样的情绪。

还要让他们把很多东西看成义务。行为的价值不能以符合自己的爱好为标准，而要看它对于义务的履行程度。

要让他们对他人有博爱之心，有世界公民的观念。在我们心灵中的关切包括：（1）我们自己；（2）与我们共同成长的人；（3）世界至善。要让儿童知道这些关切，让他们的心灵对此产生热爱。他们必须为世界至善感到欣喜，即使这对他的祖国或他自己毫无益处。

要让他们不看重享受生活之惬意，对死亡的幼稚的恐惧也会随之泯去。要让年轻人看到，享乐提供不了所预期的东西。

最后，要让他们重视每日总结的必要性，以便在人生的终点，可以对自己的一生做出评价。

译 后 记

在刚要翻译这本小册子的时候，我曾想，作为掀起西方思想界"哥白尼革命"的伟大哲学家，康德为什么在"三大批判"等巨著之外，要专门为教育独撰一书？这究竟是他某次仰望星空的乘兴之作，还是他哲学思想的实践之旅？

在出版前言中，林克告诉我们，《论教育》这部著作是康德在教授教育学这门课程时的授课记录。他同时指出，康德在教学中并未使用博克为这门课程所撰写的教科书，而是有着完全不同的研究路径和思想原理。而要理解康德独特的研究与思考，我们有必要将这部书放回到康德哲学的整体理论框架之中。与康德的其他著作相比，这部著作无疑是最平实易懂的，但并不游离于他的哲学思想之外。在我看来，这本教育学的著作，是康德的启蒙思想在认识论、伦理学和美学之后的又一次彰显。但与此前不同的是，康德并没有将对"启蒙"的研究局限于"有理性的人"，而是聚焦于婴儿、幼童和学生，提出了这样的命题——如何把嗷嗷待哺的婴孩培养成一个有着健全人格和清明理性的人。

康德在《答复这个问题："什么是启蒙运动？"》中说："启蒙运动就是人类脱离自己所加之于自己的不成熟状态。不成熟状态就是不经别人的引导，就对运用自己的理智无能为力。当其原因不在于缺乏理智，而在于不经别人的引导就缺乏勇气与决心去加以运用时，那么这种不成熟状态就是自己所加之于自己的了。Sapere aude！要有勇气运用你自己的理智！这就是启蒙运动的口号。"① 可见，启蒙就是人的思想从不成熟到成熟、从依赖别人的引导到独立运用自己理智的转变过程。对于"有理智的人"来说，他们需要的是"运用的勇气"；而对于缺乏理智或者理智尚不充足的人来说，又该做出怎样的努力呢？实际上，康德在《论教育》这部著作中所要回答的，正是这个问题。从这个角度出发，康德这部著作的意义，就不再局限于文中所提及的未成年人，而是一切"缺乏理智"的人。

那么，怎么样才能建立起自己的理智呢？要回答这个问题，我们还需要回到康德所处的时代背景之中。作为新康德主义者，卡西尔（Ernst Cassirer）在《启蒙哲学》中明确指出了18世纪最重要的特点："理性成了18世纪的汇聚点和中心，表达了这个世纪所渴望、争取和实现的一切。"② 因此，康德在文中所提及的"理智"（Verstand）与启蒙时代的核心概念"理性"（Vernunft）密切相关。康德虽然没有对两个概念进行

---

① 康德. 历史理性批判文集 [M]. 何兆武, 译. 北京: 商务印书馆, 1990: 22.
② CASSIRER E. Die Philosophie der Aufklärung [M]. Tübingen: Verlag von J.C.B. Mohr, 1932: 5.

过明确的区分，但是就康德的思想脉络来说，理智的运用是以理性的两种功能为前提的。在康德看来，人的理性具有理论功能与实践功能。在《纯粹理性批判》中，康德对准了理性的理论功能（认识功能），提出了"人为自然立法"的重要命题。而在《实践理性批判》中又对理性的实践功能进行了分析，提出"人为道德立法"的同时，将理性的实践功能置于认识功能之上。由此，在《论教育》这部著作中，康德所强调的正是培养理性的这两种功能，即他在讲稿中所说的"知识教育"与"道德教育"。在教育的过程中，康德指出了"规训""塑造""教导"等多种方法，又提出了"身体健康""性格开朗""合群"等要求，而最终目的还是培养出知识丰富、道德高尚的社会公民。

可以说，康德的《论教育》是18世纪启蒙思想的产物。西方学术界对于康德教育思想的研究也常常被放置于与其他启蒙思想家教育思想的比较之中。例如，早在19世纪，贺兰巴赫（Wilhelm Hollenbach）的博士论文《康德教育学的阐释与评价》（*Darstellung und Beurteilung der Pädagogik Kant's*）、库恩（Heinrich Hermann Kühn）的博士论文《康德教育学与其道德哲学的关系》（*Die Pädagogik Kants im Verhältnis zu seiner Moralphilosophie*）都用大量的篇幅论及了康德的《论教育》与卢梭的《爱弥儿》的关系。20世纪以后，又产生了大量专著。例如博科（Jörg Bokow）的《教育与伦理——卢梭与康德对实践哲学与教育理论的关系研究》（*Erziehung zur Sittlichkeit: zum Verhältnis von praktischer Philosophie und Pädagogik bei Jean-Jacques Rousseau und Immanuel Kant*），奥尔克（Reinhard Aulke）的《现代性中道德教育的基本问题：洛克-卢梭-康德》（*Grundprobleme moralischer Erziehung in der Moderne: Locke-Rousseau-Kant*）等，都研究了其他启蒙思想家与康德在教育思想上的相似性与差异性。康德及其同时代的教育家所开创的是一种与神学教育截然不同的现代教育学。如果说，康德的教育思想与欧洲的其他教育思想具有一定的亲缘性，那么它与中国的教育学之间，是否也存在对话的可能性呢？

  自古以来，中国就有着"尊师重教"的传统美德。"师者，所以传道授业解惑也。"韩愈或许未曾想到，他为"师者"所下的定义会成为世代为师的圭臬。在这里，所传之"道"指的是"孔孟之道"，所授之"业"包括"六艺经传"。他在《原道》中提出了由"尧、舜、禹、汤、文、武、周公、孔、孟"所构成的道统，称自己是真正的继承者。由是观之，韩愈的教育理论是要接续传统。这种教育观和道统论延续到宋朝时达到顶峰，中国古代知识分子对于传统的接续表现出了自觉的担当意识。苏轼所赞颂的"斯文有传，学者有师"，张载所追求的"为往圣继绝学，为万世开太平"，都体现了中国古代教育思想的精神内核。不得不说，这与康德的教育理论要打破传统的启蒙观念是判然有别的。

译后记

五四启蒙运动以降，大量的西方哲学思想传入中国。同时，现代中国的教育思想在"打倒孔家店"的口号中逐渐脱离了儒家教育观，开始与国之兴亡、民智开启紧密地联系在一起。中国知识分子所要探索的是教育改革与教育救国之路。蔡元培提出"五育并举"，即"军国民教育、实利主义教育、公民道德教育、世界观教育、美感教育皆近日之教育所不可偏废"。梅贻琦则主张"六育"，即"德、智、体、美、劳、群"并重，在人才培养上以"通才"为目标，要培养出"知识与技能通达，智育与德育并进，以及全人格"的人才。不难看出，蔡元培和梅贻琦的教育思想都受到了康德教育思想的影响。而这本《论教育》，早在1926年就被瞿菊农翻译成中文出版。在序言中，瞿菊农首先论述了十八世纪前的欧洲教育发展史。他重点叙述了十二世纪开始的大学的勃兴，十四世纪文艺复兴时期在教育方面的人文主义运动，宗教改革所导致的国语与宗教分离，以及教育史上惟实主义的兴起。继而，瞿菊农强调了十八世纪的启蒙运动，他认为，西方的教育史在这个时刻产生了划时代的发展，他将这种进步归功于卢梭。他详尽地介绍了卢梭的小说《爱弥儿》所表达的教育思想，并清晰地展现了康德《论教育》与卢梭《爱弥儿》内在思想的关系。最后他说："康德讲演教育时在十八世纪之末，一百年来的进步，我们不敢忽视。这本小册子中的自然有许多话康德未必全对。然而有许多书中提到的问题，却是至今没有答案或没有好

论 教 育

答案的。至少看他的书以后,可以知道教育上有这许多问题,或者更因此发生新问题。何况康德在西洋思想上,即在千载以后,亦必如韩文公所谓:'李杜文章在光焰万丈长。'我们如何能忽略他呢?"①

转眼,又是将近百年,但瞿菊农的这段话却引导着我们一遍遍地重读和重译这本小册子,一次次地回到经典诞生的语境中,重新勘察现代教育思想的发源地。我们所面临的传统早已不再单一,无论是中国传统的儒家教育观,还是西方流派纷呈的教育理论,都已经成为我们不能回避的思想渊源。我们不仅要阅读、理解和阐释这些思想,而且要在这个基础之上,寻找新的出口与路径。今天,中国教育正在发生前所未有的变化与发展。在教育规模日益扩大、教育资源逐渐丰富、教育机构不断兴盛的背后,是各种教育理论的纷呈、碰撞与激荡。教育不再局限于家国理想,而是在人类命运共同体的框架内产生了新的课题与使命。这敦促我们再一次思考:教育的本质是什么?是衣食无忧的路径,是高官厚禄的手段,抑或只是随波逐流的无奈选择?如果仅止于此,我们的孩子即便拥有了现世安稳,又将如何安放人类的心灵、人生的价值与人性的光辉?

当翻开这本写于200多年前的小册子时,我们会惊讶地发现,历史的风霜不曾钝化新锐的思想。我们面对着一位严肃又不失风趣的智者,他事无巨细地为我们传授着养儿育女的注意

---

① 康德. 康德教育论 [M]. 瞿菊农, 编译. 上海: 商务印书馆, 1930: 序 11.

事项，更提醒我们不忘教育对于整个人类的意义和使命。他坚信："人是目的，不是工具！"

如果人生是自然的绽放，是温暖的旅途，是秉持本心的草木在浩瀚洪流中的傲然独立，那么我们的教育就必须将"独立之精神，自由之思想"作为内容与信念。对我而言，站在大学的三尺讲台上，能"得天下英才而教育之"，的确是人生的幸事。但庆幸之余，我们更要以虔诚的谨慎之心护佑每一颗心灵，在春风化雨的季节里感发志气，在平淡无奇的日子里学古探微。

最后，我希望把这本译著献给我的父母和老师，感谢他们对我的教育与培养，同时也分享给天下的父母与老师们，愿每一个孩子都能收获既有健康体魄又有高贵精神的美好人生。

宋渼
2020 年 11 月 30 日于北京

（译者系北京外国语大学德语系文学学士，清华大学中文系文学博士，德国柏林自由大学哲学系访问学者，英国埃克塞特大学英文系访问学者。现任教于中国社会科学院大学文学院。）